教育部哲学社会科学系列发展报告
MOE Serial Reports on Developments in Humanities and Social Sciences

中国教育网络舆情
发展报告2018

The Annual Report of China Educational Network Public Sentiment

唐亚阳 主编

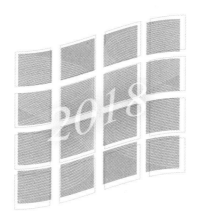

北京师范大学出版集团
BEIJING NORMAL UNIVERSITY PUBLISHING GROUP
北京师范大学出版社

图书在版编目(CIP)数据

中国教育网络舆情发展报告.2018 / 唐亚阳主编.—北京：北京师范大学出版社，2019.12
（教育部哲学社会科学系列发展报告）
ISBN 978-7-303-25290-9

Ⅰ.①中… Ⅱ.①唐… Ⅲ.①计算机网络－应用－教育事业－研究报告－中国－2018 Ⅳ.①G434

中国版本图书馆 CIP 数据核字(2019)第 250693 号

营 销 中 心 电 话 010-58802181 58805532
北师大出版社高等教育与学术著作分社 http://xueda.bnup.com

ZHONGGUO JIAOYU WANGLUO YUQING FAZHAN BAOGAO 2018
出版发行：北京师范大学出版社 www.bnup.com
　　　　　北京市海淀区新街口外大街 19 号
　　　　　邮政编码：100875
印　　刷：保定市中画美凯印刷有限公司
经　　销：全国新华书店
开　　本：730 mm×980 mm 1/16
印　　张：11
字　　数：216 千字
版　　次：2019 年 12 月第 1 版
印　　次：2019 年 12 月第 1 次印刷
定　　价：46.00 元

策划编辑：鲍红玉　　　　　　　责任编辑：马力敏
美术编辑：李向昕　　　　　　　装帧设计：李向昕
责任校对：李云虎　　　　　　　责任印制：马　洁

编委会名单

目 录

第一部分　总报告

平台拓展、全民上线、互联共振的教育网络舆情

引　言

　　2018 年是中国进一步贯彻落实党的十九大报告中关于优先发展教育事业、加快教育现代化、建设教育强国等重大部署的一年。2018 年 3 月，李克强总理在《2018 年政府工作报告》中指出，要发展公平而有质量的教育。2018 年 9 月，习近平总书记在全国教育大会上强调，要坚持中国特色社会主义教育发展道路，培养德智体美劳全面发展的社会主义建设者和接班人。2018 年，中国基础教育、职业教育、高等教育等方面均发生显著变化，学科体系、教学体系、教材体系、管理体系等不断完善，但在网络信息纷繁复杂的环境下，教育网络舆情也呈现出愈加复杂的态势。移动互联网的普及与发展为教育领域注入新活力、带来新变化，同时也对教育网络舆情应对提出了新挑战和新要求。教育网络舆情作为社会教育生态的晴雨表，对其进行积极引导是推动中国教育舆情生态良性发展的关键。

　　《中国教育网络舆情发展报告 2018》总报告是对 2018 年中国教育领域舆情发展状况的梳理和总结，较为清晰地概述了 2018 年教育网络舆情事件发展的整体脉络。总报告分为四部分：2018 年中国教育网络舆情事件的分布状况、2018 年中国教育网络舆情的传播状况、2018 年中国教育网络舆情的主要特征和 2018 年中国教育网络舆情的启示。

　　总报告数据获取基于清博大数据舆情系统，同时结合人工手段在微博、微信

等网络平台上搜索、搜集舆情事件。第一部分事件分布状况重点对舆情事件的发生时间、发生地域、性质、类型、所属学段、涉事主体等进行统计分析。第二部分传播状况通过舆情数据采集系统，抓取舆情事件的传播平台、传播内容、传播情感、关注群体以及舆情演变周期等数据，对关键传播节点进行重点分析。在第三部分的主要特征中，课题组筛选并总结了全年舆情事件，进一步归纳出 2018 年中国教育网络舆情的六大特征。在最后的启示部分中，课题组 2018 年以更有深度的启发性内容替代往年具体舆情处置操作建议，从互联网"连接"思维这一角度进行全新思考。2018 年中国教育网络舆情的启示为相关部门从传播学角度进一步认识教育网络舆情，以及构建更符合时代发展的教育网络舆情应对处置机制提供了启发。

一、2018 年中国教育网络舆情事件的分布状况

在样本来源上，课题组使用清博大数据舆情系统设置关键词对事件进行舆情数据抓取，并配合人工检索、收集，最终从 2018 年 1 月 1 日至 2018 年 12 月 31 日的教育网络舆情事件中，选择较为典型的 317 起事件作为样本应用于总报告的研究。

课题组将收录的 2018 年教育网络舆情事件划分为事件型和政策型两类，其中事件型舆情事件共 223 起，约占比 70.3%；政策型舆情事件共 94 起，约占比 29.7%。根据政策发布机构和影响范围，又将政策性舆情事件划分为全国性和地方性两类，其中全国性舆情事件共 74 起，约占该类事件的 78.7%；地方性舆情事件共 20 起，约占该类事件的 21.3%。

研究中，课题组采取横纵对比的方式从宏观视角总览 2018 年教育网络舆情事件分布状况，全面把握教育网络舆情的特征和规律。总体来看，2018 年负面教育网络舆情事件数量多于非负面事件数量。虽然大部分负面事件能被控制在较小的影响范围内，但仍有一定数量的舆情事件在全国范围内掀起轩然大波。例如，武汉理工大学陶崇园坠楼、厦门大学一研究生网络发布辱华言论、中山大学学生会干部任免名单引争议、湖南 12 岁男孩弑母等事件。这些事件不仅引起了社会公众的广泛讨论，也引起了教育部门甚至中央的高度关注。中央与教育部门除了利用多种媒介积极参与到舆论引导过程中，也出台了相关政策以期从源头上杜绝相关事件的再次发生。值得注意的是，2018 年涉及家校关系、教师形象以及学生组织管理的舆情引发了社会的广泛关注。

本部分将从 2018 年全国教育网络舆情事件的发生时间、发生地域、性质、类型、所属学段、涉事主体等方面进行系统分析，对其具体状态和发展脉络进行客观阐述。此外，对涉及多个事件类型、所属学段或涉事主体的单个舆情事件将

做适当说明。

（一）时间分布上呈"W"形

如图 1-1-1 所示，2018 年中国教育网络舆情事件数量在时间序列上呈现出"W"形状分布，全年舆情事件数量总体递增。上半年舆情事件数量总体上呈增长趋势，下半年则在波动中递增，上、下半年舆情数量有较大差距，其中上半年为138 起，下半年为 179 起。上半年的舆情高峰期出现在 1 月和 6 月，其中 1 月的舆情事件数量为上半年最高值，达 32 起，为全年第二；上半年的舆情低谷期是 2月和 3 月，其中 2 月的舆情事件数量为全年最低值，仅 17 起。下半年的舆情高峰期出现在 10 月、11 月和 12 月，其中 10 月的舆情事件数量为全年最高值，达41 起；下半年的舆情低谷期是 8 月和 9 月，其中 8 月仅 22 起。从季度上看，第四季度是教育网络舆情事件最为频发的时期，达 103 起。第一季度、第二季度与第三季度的舆情事件数量相差不大，分别为 67 起、71 起和 76 起。

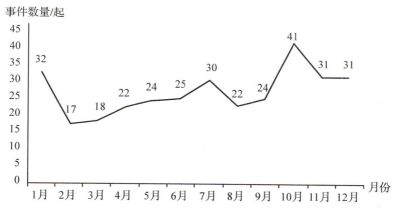

图 1-1-1　2018 年中国教育网络舆情事件数量月份分布走势图

数据来源：清博大数据舆情系统

1 月，共收录教育网络舆情事件 32 起，约占全年舆情事件总数的 10.1％。1月以涉及师德师风的舆情事件为主，共 7 起，约占本月舆情事件总数的 21.9％。1 月较典型的舆情事件包括西安交通大学博士杨宝德溺亡、"阳光智园"校服平台涉嫌垄断、合肥女教师阻挠高铁列车关门以及教育部发布《普通高等学校本科专业类教学质量国家标准》等事件。

2 月，共收录教育网络舆情事件 17 起，约占全年舆情事件总数的 5.4％。2月以涉及教育成就的舆情事件为主，共 3 起，约占本月舆情事件总数的 17.6％。2 月较典型的舆情事件包括吉林一小学开学典礼只剩一名学生、教育部部署中小学招生以及教育部印发《关于全面落实研究生导师立德树人职责的意见》等事件。

3月，共收录教育网络舆情事件 18 起，约占全年舆情事件总数的 5.7%。3月以涉及师德师风的舆情事件为主，共 4 起，约占本月舆情事件总数的 22.2%。3月较典型的舆情事件包括武汉理工大学陶崇园坠楼、2018 年高招全面取消体育特长生、奥赛等全国性高考加分项目以及《2018 年政府工作报告》指出发展公平而有质量的教育等事件。

4月，共收录教育网络舆情事件 22 起，约占全年舆情事件总数的 6.9%。4月以涉及校园管理的舆情事件为主，共 6 起，约占本月舆情事件总数的 27.3%。4月较典型的舆情事件包括厦门大学一研究生网络发布辱华言论、原北大教授沈阳被指性侵女生、陕西米脂学生遭砍杀以及国务院常务会议部署全面加强乡村小规模学校和乡镇寄宿制学校建设等事件。

5月，共收录教育网络舆情事件 24 起，约占全年舆情事件总数的 7.6%。5月以涉及校园管理的舆情事件为主，共 9 起，占本月舆情事件总数的 37.5%。5月较典型的舆情事件包括湘潭大学女生在校园遭流浪狗撕咬、安徽六安部分教师讨薪维权、外国留学生来华留学经费引热议以及教育部等三部门专项督查校外培训机构等事件。

6月，共收录教育网络舆情事件 25 起，约占全年舆情事件总数的 7.9%。6月以涉及维权诉求的舆情事件为主，共 6 起，占本月舆情事件总数的 24.0%。6月较典型的舆情事件包括陕西中医药大学给留学生腾宿舍、北京交通大学只有10% 的优秀毕业生能参加毕业典礼、河南一小学老师将成绩发家长群引不满以及甘肃庆阳一女生遭班主任猥亵跳楼身亡等事件。

7月，共收录教育网络舆情事件 30 起，约占全年舆情事件总数的 9.5%。7月以涉及校园管理的舆情事件为主，共 6 起，占本月舆情事件总数的 20.0%。7月较典型的舆情事件包括中山大学学生会干部任免名单引争议、贵州两考生高考志愿遭恶意填报、教育部治理幼儿园"小学化"以及教育部、财政部联合印发《银龄讲学计划实施方案》等事件。

8月，共收录教育网络舆情事件 22 起，约占全年舆情事件总数的 6.9%。8月以涉及校园管理的舆情事件为主，共 5 起，约占本月舆情事件总数的 22.7%。8月较典型的舆情事件包括河北一学生因家长抱怨宿舍挤被开除、河南高考答题卡调包以及国务院办公厅印发《关于规范校外培训机构发展的意见》等事件。

9月，共收录教育网络舆情事件 24 起，约占全年舆情事件总数的 7.6%。9月以涉及校园管理的舆情事件为主，共 5 起，约占本月舆情事件总数的 20.8%。9月较典型的舆情事件包括湖南耒阳学生"分流"、山东菏泽一小学红领巾印广告、深夜爸爸问老师"睡了吗"引热议以及习近平出席全国教育大会并发表重要讲话等事件。

10月，共收录教育网络舆情事件 41 起，约占全年舆情事件总数的 12.9％。10月以涉及校园管理的舆情事件为主，共 18 起，约占本月舆情事件总数的 43.9％。10月较典型的舆情事件包括华中科大 18 名本科生变专科生、高校学生会联合发起"学生干部自律公约"、张衡地动仪被历史课本删除以及老师推荐的学习 App 充满性暗示等事件。

11月，共收录教育网络舆情事件 31 起，约占全年舆情事件总数的 9.8％。11月以涉及校园管理的舆情事件为主，共 8 起，约占本月舆情事件总数的 25.8％。11月较典型的舆情事件包括浙江高考英语部分题目加权赋分、闽江学院禁外卖车进校、教师职业行为"十不准"发布以及共青团中央全国学联召开加强和改进学联学生会组织队伍建设座谈会等事件。

12月，共收录教育网络舆情事件 31 起，约占全年舆情事件总数的 9.8％。12月以涉及校园管理的舆情事件为主，共 10 起，约占本月舆情事件总数的 32.3％。12月较典型的舆情事件包括直播改变贫困地区高中升学率、西南大学考研试题疑泄露、电子科技大学考研出错卷以及北京交通大学实验室发生爆炸等事件。

对 2018 年所收录的舆情事件进行观察，能发现其在时间分布上的规律性。其中，1月、7月、10月、11月与 12月教育舆情事件较为集中，均在 30 起及以上。1月临近学期末，属于教育舆情频发时间段，师德师风与家校关系等问题导致该月舆情走高。7月正值暑假，但 2018 年较为特殊的是该时间段校园管理不当类舆情突出，其中情多发，备受关注，随后 10月、11月相关舆情持续走高。12月，考研相关话题将教育舆情推向高潮。值得注意的是，2018 年 9月全国教育大会的召开提高了公众对教育问题的关注度，直接推动了第四季度教育网络舆情热度的提升。

(二)经济发达、人口规模较大的省市舆情高发

如表 1-1-1 所示，与往年舆情分布相似，在 34 个省级行政单位中，有 27 个监测到较具影响的舆情事件发生。其中北京的教育网络舆情事件数量居全国之首，达 26 起，约占事件型舆情事件总数的 11.7％；湖南的教育网络舆情事件数量为 20 起，位居全国第二位。河南、湖北、浙江的事件数量均为 15 起，并列全国第三位。陕西、四川两省的教育网络舆情事件频发，分别为 11 起和 10 起。此外，2018 年报告中未收录西藏、新疆、内蒙古、青海、香港、澳门以及台湾的教育网络舆情事件。

北京是全国的政治、文化、教育中心，在 2018 年全国城市人口排行榜、全国城市 GDP 排行榜上均位于前三，教育资源集中，新闻媒介发达，因此教育网络舆情事件高发。2018 年，湖南、河南、湖北、浙江以及四川 5 省的人口数量与 GDP 均处于全国前十位，人口众多，经济体量大，易发生教育网络舆情事件。例如，在高考改革相关舆情中，浙江省最为突出。上述的 1 个直辖市与 5 个省份的舆情事件共 101 起，约占事件型舆情事件总数的 45.3%。由此可以看出，2018年教育网络舆情事件的发生频率与经济水平以及人口规模存在正相关关系。

表 1-1-1　2018 年中国教育网络舆情事件数量区域分布表

省/市	舆情事件数量/起	省/市	舆情事件数量/起
北京	26	吉林	6
湖南	20	福建	5
浙江	15	江西	4
湖北	15	辽宁	3
河南	15	重庆	3
陕西	11	甘肃	2
四川	10	广西	2
广东	9	宁夏	2
山东	9	宁夏	2
安徽	7	海南	1
贵州	7	天津	1
江苏	7	黑龙江	1
江苏	7	黑龙江	1
云南	7	注：西藏、新疆、内蒙古、青海、香港、澳门、台湾的教育舆情事件未收录。	
上海	6		
河北	6		

(三) 校园管理类事件最为频发，家校关系成为新热点

课题组将收录的 2018 年教育网络舆情事件划分为政策型和事件型，其中政策型舆情事件共 94 起，在所有舆情事件中约占比 29.7%；事件型舆情事件共 223 起，约占 70.3%。与 2017 年相比，2018 年政策型舆情事件数量比重增幅较大，约为 13.1%。出现上述现象的原因主要是：一方面，党和政府对教育领域持续关注，地方及中央教育部门常规性出台文件、颁布规定；另一方面，相关部门吸取前车之鉴，出台相关政策以期从源头上杜绝类似事件的再次发生。

如图 1-1-2 所示，对 223 起事件型舆情事件进行类型划分，因某些事件的类型存在交叉，最后得到 251 个数据。对数据进行分析，我们发现校园管理、师德师风和维权诉求类舆情爆发最为集中。2018 年这三个事件类型收录的舆情事件数量共计 133 起，在全年事件型舆情事件中约占比 53.0％。其中校园管理类舆情事件数量最多，共收录 71 起，在全年事件型舆情事件中约占比 28.3％；师德师风类事件数量为 35 起，排名第二，约占比 13.9％；维权诉求类事件数量为 27 起，约占比 10.8％。

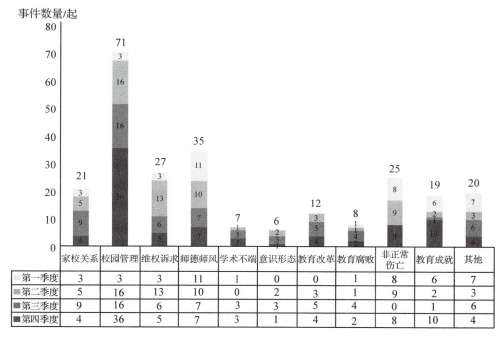

图 1-1-2　2018 年中国教育网络舆情事件类型分布图

数据来源：清博大数据舆情系统

2018 年教育网络舆情事件分析还显示，涉及家校关系的舆情事件成为教育舆情新热点，与非正常伤亡、教育成就类舆情事件同属第二梯队，舆情事件数量均在 20 起左右。这三类舆情事件共计 65 起，在全年事件型舆情事件中约占比 25.9％。其中，非正常伤亡类舆情事件在三类舆情事件中占比最多，为 25 起，约占 10.0％；家校关系类和教育成就类舆情事件则分别占比 8.4％和 7.6％。

教育改革、教育腐败、学术不端及意识形态这四类舆情事件数量相对较少，属于第三梯队，共计 33 起，在全年事件型舆情事件中的比重仅为 13.1％，其中教育改革类事件数量位居本梯队首位。教育改革、教育腐败、学术不端及意识形态这四类舆情事件在总体中所占的比例分别约为 4.7％、3.2％、2.8％和 2.4％。此外，在提及的十种类型之外的其他舆情事件有 20 起，约占 8.0％。

值得关注的是，2018 年家校关系相关议题由于新媒体平台的普及与发展大量进入到教育网络舆情领域，成为人们热议的话题之一。与 2017 年相比，校园管理、师德师风、学术不端和教育成就这四类舆情事件数量在总体中的比重均有所增加。其中，校园管理类比重增幅最大，约达 7.0%。维权诉求、意识形态、教育改革、非正常伤亡以及教育成就类的舆情事件数量在总体中的占比则有所下降，其中教育改革类比重降幅最大，约为 10.0%。

同时，课题组按照季度对各类舆情事件数量进行统计和分析。在第一季度中，师德师风类舆情事件最为高发，达 11 起，约占该季度事件型舆情事件总数的 25.6%。非正常伤亡与教育成就类舆情事件紧随其后，占比分别约为 18.6% 与 14.0%。在第二季度中，发生频率最高的是校园管理类舆情事件，共计 16 件，占该季度事件型舆情事件总数的 25.0%。维权诉求与师德师风类舆情事件分别位居第二、第三位，占比分别约为 20.3% 与 15.6%。在第三季度中，校园管理类舆情事件仍然最为频发，共计 16 起，约占该季度事件型舆情事件总数的 26.7%。其次是家校关系和师德师风类舆情事件，占比分别约为 15.0% 与 11.7%。在第四季度中，校园管理类舆情事件依旧位居首位，达 36 起，约占该季度事件型舆情事件总数的 42.9%。教育成就与非正常伤亡类舆情事件分别位居第二、第三位，占比分别约为 11.9% 与 9.5%。

(四)高校舆情最为高发，小学舆情比重上升

如图 1-1-3 所示，研究中，涉事学校按教育学段可划分为幼儿园、小学、中学和高校，因某些事件涉及多个学段，最后得到 231 个数据。其中，高校是舆情最为频发的学段，114 起舆情事件发生在高校，约占事件型舆情事件总数的 49.4%。发生在小学、中学、幼儿园的舆情事件数量逐渐递减，分别为 53 起、45 起、8 起，在总体中的对应分别约占比 22.9%、19.5%、3.5%，教育舆情事件的数量不再随着教育学段的升高而增加。此外，发生在难以界定教育学段的舆情事件共 11 起，约占总体的 4.7%。

造成高校舆情事件占比最大的原因主要有以下几点：高等教育的普及化与大众化使得高校与国民的联系日益密切，而且高校在社会系统中具有独特的身份与地位，拥有众多资源，因此教育舆情事件发生在高校的可能性更大。此外，高校学生拥有较强的维权意识，自媒体的普及与发展为其提供了发声渠道，能够加快舆情事件的传播。最后，高校往往位于较发达地区，这些地区媒体聚集，一旦发生教育舆情事件更容易被曝光，引发社会广泛关注。

与 2017 年相比，发生在高校和小学的舆情事件比重均有所增加，增幅分别约为 0.1% 和 6.9%。发生在小学的舆情事件数量增长最快，2018 年超过中学位居第二。中学、幼儿园以及难以界定教育学段的比重均下降了，降幅分别约为

1.5％、4.3％与1.2％。虽然整体上高校所占比重最大，但小学占比也在逐渐增加，并且后者增幅大于前者，两者差距不断缩小。

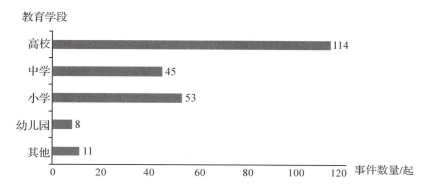

图 1-1-3　2018 年中国教育网络舆情事件教育学段分布图

数据来源：清博大数据舆情系统

　　2018 年发生在小学的教育舆情事件增多，一个原因是国民对基础教育的重视程度不断增强，越来越多的人意识到小学是孩子养成良好学习习惯以及塑造健康人格的重要阶段，因此该学段的教育问题备受关注。另一个原因是以微信家长群为代表的沟通平台的拓展，更加频繁的沟通加上老师、家长观念上的差异增加了双方产生冲突的可能。此外，新媒体的使用与普及又加速了冲突的传播，使发生在某个微信群的"三言两语"变成了散布在网络各个角落的"新闻"。

（五）个体性事件占比过半，学生为最主要涉事主体

　　如图 1-1-4 所示，对研究中的涉事主体进行个体和群体划分。其中，以个体为主的舆情事件共 120 起，约占事件型舆情事件的 53.8％；以群体为主的舆情事件共 103 起，约占 46.2％。从现实层面上看，社会生活中发生的个体性事件远多于群体性事件，但对收录的舆情事件进行观察发现，两者数量差距较小。这是因为部分个体性事件属于个例性质，与群体性事件相比波及面小，共性特征偏弱，但群体性事件因涉及面广、危害性大，一旦发生就极易引发社会广泛关注，所以更容易在教育舆论场发酵。此外，群体性事件也更容易引发社会从上层建筑层面进行思考，从而促使政府在政策方面进行调整。

　　如图 1-1-5 所示，将舆情事件涉事主体按照社会身份进行划分，分为学生、家长、教师、学校管理人员、教育管理部门、社会人士及其他，因某些事件涵盖多元主体，所以得到的主体总数是 390 个。其中，学生是舆情事件最主要的涉事主体，达 135 起，占比约为 34.6％；学校管理人员是引发教育舆情的第二大群体，达 86 起，占比约为 22.1％；教师、教育管理部门、社会人士、家长以及其他主体引起的舆情事件也占有一定比例，分别约为 15.9％、9.7％、8.5％、8.2％和 1.0％。

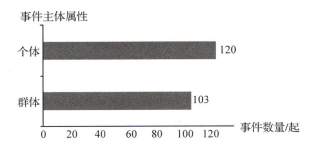

图 1-1-4　2018 年中国教育网络舆情事件涉事主体属个体与群体分布图

数据来源：清博大数据舆情系统

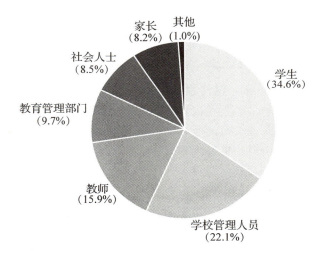

图 1-1-5　2018 年中国教育网络舆情事件涉事主体分布图

数据来源：清博大数据舆情系统

2018 年，以家长为主体的教育舆情事件频发，家长作为新主体被统计到数据中。与 2017 年相比，2018 年舆情事件最主要涉事主体依旧是学生，但比重下降约 1.5%。教师和社会人士的舆情事件数量占比分别增加了约 4.7% 与 1.2%，教育管理部门和其他主体占比则分别下降约 14.4% 与 3.2%。

（六）负面舆情较为突出，占比远超非负面舆情

扣除 94 个政策型舆情事件，课题组在 2018 年共监测到事件型舆情事件 233 起，它们均具有各自的舆情事件性质。如图 1-1-6 所示，在事件性质分布中，课题组根据事件性质，将其分为负面与非负面两类。其中负面舆情事件共 155 起，约占事件型教育网络舆情的 69.5%；非负面舆情事件共 68 起，约占 30.5%。

从事件类型上看，在负面教育网络舆情事件中，涉及校园管理事件类的舆情事件数量最多，达 71 起，约占负面舆情事件总数的 45.8％。涉及师德师风、非正常伤亡类的舆情事件数量分别为 31 起和 22 起，位居事件数量的第二、第三位。在非负面舆情事件中，教育成就类舆情事件数量最多，为 18 起，占比约为 26.5％。其次为校园管理类舆情事件，为 10 起，其余类型事件数量均不超过 10 起。

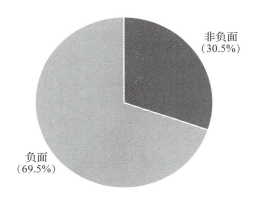

图 1-1-6　2018 年中国教育网络舆情事件性质分布图

数据来源：清博大数据舆情系统

从事件所属学段上看，在负面教育网络舆情事件中，发生在高校的舆情事件数量最多，为 78 起，约占负面舆情事件总数的 50.3％。发生在小学、中学、幼儿园的负面舆情数量逐渐递减，分别为 38 起、35 起和 4 起。此外，发生在难以界定教育学段的舆情事件共 5 起。在非负面教育网络舆情事件中，发生在高校的舆情事件占比依旧超五成，为 36 起，占比约 52.9％。其次分别为小学、中学、幼儿园，数量依次为 15 起、10 起和 4 起，发生在难以界定教育学段的舆情事件共 6 起。

从涉事主体上看，在负面教育网络舆情事件中，学生为最主要群体，涉及 105 起事件，约占负面舆情事件总数的 67.7％；涉及学校管理人员、教师、教育管理部门、社会人士以及家长的舆情事件数量分别为 65 起、47 起、26 起、24 起与 20 起。此外，不明确的事件主体所引起的舆情事件仅 1 起。在非负面教育网络舆情事件中，学生仍是最主要的涉事主体，涉及 30 起事件，占比约 44.1％；涉及学校管理人员、教师、教育管理部门、家长以及社会人士的舆情事件数量逐渐递减，分别为 21 起、15 起、12 起、12 起与 9 起。不明确的事件主体所引起的舆情事件仅 3 起。

从整体上看，负面舆情事件占比近七成。一方面，由于负面事件与社会生活具有较强的关联性，其容易唤起公众的恐惧心理与激烈情绪，因此在网络上更易受到关注与转发。另一方面，意见领袖与媒体影响力大，且对事件进行广泛传播，也使得负面舆情进一步扩散。

二、2018 年中国教育网络舆情的传播状况

课题组利用清博大数据舆情对 317 起舆情事件进行了传播分析，根据拉斯韦尔经典的传播学模型"5W 模式"，综合现代舆情传播的特点，抓取了相关数据，数据涵盖传播媒体、传播内容、传播情感、关注人群、舆情周期五大类。该部分较为科学地解释了教育网络舆情传播的一般规律和普遍现象，并且根据数据分析结合历年经验对现象产生的原因给出了相对合理的解释，有助于读者了解舆情事件的传播规律，从而更好地服务于教育舆情管理工作。

(一)"两微"平台依旧最为活跃，其他自媒体平台显露头角

媒介是舆情事件传播的必要载体，随着科技的进步与受众媒介使用习惯的演变，不同媒体纷纷登台亮相，在用户的不断筛选后形成一定的市场占有格局。了解各平台在当前媒介环境下所处的地位以及在舆情事件中发挥的作用，既是对舆情事件敏锐反应的前提，也是对舆情事件合理处置的保障。课题组分析 2018 年的教育网络舆情传播状况发现，微博、微信依旧在传播的不同节点地位突出，是最重要的传播媒体平台，但也可以看出其他自媒体平台也开始逐渐显露头角。

1. 网媒与微博是主要的信息首发平台

2018 年，网媒与微博成为教育网络舆情事件中最重要的信息首发平台。如图 1-1-7 所示，研究中有超过七成的舆情事件由网媒和微博平台首发。其中，网媒占首发平台的比重最大，共有 136 起，约占全年事件的 42.9%。由微博平台首发的事件数量排在第二，共 96 起，约占比 30.3%。虽然各大门户网站逐渐式微，但是凭借着多年积累的用户以及信息的获取习惯依旧成为占比较高的首发平台。微博成为重要的信息首发平台的原因在于，微博的平台性质降低了普通大众发声的门槛，成为大众发布信息的重要平台。例如，武汉理工大学研究生陶崇园坠楼事件最初是由个体微博网民@陶崇园的姐姐在微博发声，随后引起社会广泛关注，并在各个平台上迅速传播。事件持续升温最终引起主流媒体的注意，主流媒体加入报道将舆情推向一个新高峰。

此外，App 与微信在信息首发平台中也占有一定份额。以 App 作为信息首发平台的舆情事件共 41 起，约占全年事件的 12.9%；以微信作为信息首发平台的事件共 25 起，约占比 7.9%；以论坛与报刊作为首发平台的事件分别只有 8 起与 6 起，分别占比约为 2.5% 与 1.9%；其中不明确首发平台的事件为 5 起，约占比 1.6%。

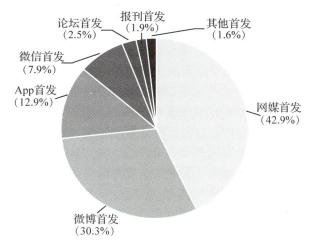

图 1-1-7   2018 年中国教育网络舆情事件首发平台分布图

数据来源：清博大数据舆情系统

2. 微博是最主要的传播平台，微信重要性逐渐提高

如图 1-1-8 所示，对样本事件在微博、网媒、微信、App、论坛、博客、报刊以及视频网站这 8 个平台上的传播数量进行分析，微博的传播数量最大且远超其他平台，约 113 万条，约占总传播数的 61.7％。可见，微博作为最主要的传播平台，在传播教育网络舆情事件中发挥着重要的作用。

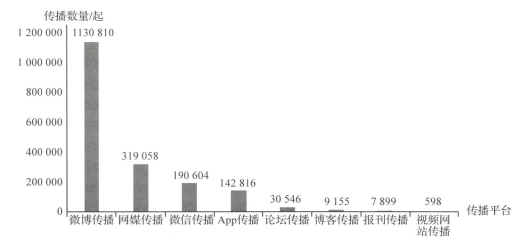

图 1-1-8   2018 年中国教育网络舆情事件传播平台分布图

数据来源：清博大数据舆情系统

网媒平台的传播数量为 319 058 条，约占总传播量的 17.4%，排在第二。排在第三的微信平台的传播数量为 190 604 条，约占总传播数量的 10.4%，其重要性逐渐提高。近年来，人们使用微信不仅出于社交需求，浏览微信更是成为人们生活中必不可少的习惯。微信平台功能不断扩展，特别是公众平台功能的加入使微信成为新闻资讯和公众意见的聚集之地，在教育网络舆情传播方面发挥着越来越重要的作用。此外，App 平台的传播数量为 142 816 条，约占 7.8%。而论坛、博客、报刊和视频网站这四个平台的传播量相对较少，在教育舆情传播过程中扮演的角色较弱。除了论坛平台的传播数量为 30 546 条以外，其余三个平台的传播量均未达到一万，其中视频网站平台传播数量最少，为 598 条。四个平台的传播量分别约占八大平台总传播量的 1.7%、0.5%、0.4% 和 0.1%。

3. 微博、微信在舆情事件传播中活跃度高

对样本事件进行数据分析，得到了发布每个事件排名前三的高活跃媒体。通过数据统计，317 起舆情事件中有 225 起第一高活跃媒体为新浪微博，约占比 71.0%；78 起为微信，约占比 24.6%；14 起为其他媒体，约占比 4.4%。第二高活跃媒体分别为：微信 176 起，约占比 55.5%；新浪微博 53 起，约占比 16.7%；新闻门户网站 45 起，约占比 14.2%；自媒体内容资讯创作平台 21 起，约占比 6.6%，社区论坛 9 起，约占比 2.9%；其他媒体 13 起，约占比 4.1%。第三高活跃媒体因为种类更加分散，不再描述。

据数据分析，2018 年微博、微信依旧是最主要的高活跃媒体，尤其是微博占据了第一高活跃媒体的 71.0%，处于绝对领先的地位。这主要是由于人们已经形成了通过微博、微信获取信息的习惯，特别是微博使用门槛低，传播成本低廉且更容易实现观点的发布和聚合。

除了微博、微信，大风号、今日头条等自媒体内容资讯创作平台也逐渐成为高活跃媒体。从目前的数据来看，其尚难以与微博、微信相抗衡，这主要是由于两者之间巨大的用户规模和信息量差距导致的。但是即使在如此悬殊的差距之下，自媒体内容资讯创作平台依旧能在小部分事件中"杀出重围"，成为高活跃媒体，可见其力量不容小觑。

自媒体内容资讯创作平台能够在舆情事件传播中有这样的表现，主要有以下两个原因。首先，推荐算法的不同。以微博为例，普通用户作为新闻线索的提供者，在其自身微博粉丝不足的情况下，通常需要微博大 V 关注与转发才更有可能出现在首页。但是在自媒体内容资讯创作平台中，普通创作者的稿件则相对更有可能被推送至首页，被大家所关注。其次，由于很多事件在事实尚不明朗或者信息较为敏感的情况下，微博大 V 们出于种种顾虑不愿意转发，普通创作者这种顾虑则相对较少，并且这些平台所惯用的具有煽动性的、诱导性的文字风格也

十分适合此类舆情事件的传播。但是由于注册与发布机制的不同，自媒体内容资讯创作平台的传播成本远远高于微博。以今日头条为例，想要成为作者，其入驻流程远复杂于微博，并且其新手期每日发布文章数量受限，因此其无论是用户体量还是信息数量理论上均很难与微博、微信抗衡。

（二）媒体偏好逐渐清晰，内容、形式均对传播效果产生影响

传播内容是舆情信息的主体，更是分析舆情事件的重要对象，人们对于不同的舆情事件以及不同表现形式下的同一舆情事件会产生明显的情感差异。例如，某一舆情事件是否有配图和现场视频很有可能决定舆情的最终热度，而这种差异会对舆情事件的传播速度以及发展方向产生不可忽视的影响。此外不同的媒体由于自身定位、从属关系的不同，其传播内容往往会带有创作者的主观色彩，这使得传播内容同时受到了技术与人文的双重影响。

1. 视频传播成为新的引爆点和趋势

如图 1-1-9 所示，对教育网络舆情事件的引爆内容进行统计后发现，在 317 起事件中，有 29 起事件的引爆内容为视频，约占总事件的 9.1％。可见，教育舆情事件的引爆点不再全是简单的文字或者图片，视频引爆舆情事件成为新趋势。

同时，如图 1-1-10 所示，对教育网络舆情事件的传播形式进行分析后发现，有 98 起事件的传播形式都包含了视频，约占比 30.9％。与往年相比，以视频形式传播的教育网络舆情事件有大幅度的增加，并且主要以短视频为主。

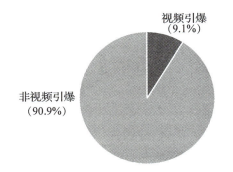

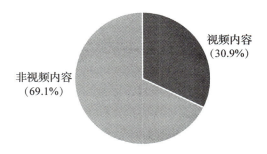

图 1-1-9　2018 年中国教育网络舆情事件
　　　　视频引爆分布图
数据来源：清博大数据舆情系统

图 1-1-10　2018 年中国教育网络舆情事件
　　　　传播视频内容分布图
数据来源：清博大数据舆情系统

2018 年被业界称为"短视频元年"，这一年短视频有着不俗的表现，在网络上掀起了一股热潮。2018 年上半年，74.1％的网民使用短视频应用。以抖音为代表的短视频平台对年轻人产生了重要的影响，成为移动端的主要内容阵地。①随着 4G 移动网络和移动智能终端的普及，在社交无处不在的今天，碎片化的传播和阅读方式使得短视频成为大众青睐的观看对象。从制作角度看，短视频的制作门槛较低，生产流程更为简单，制作者只需要依托手机等智能终端设备就能拍摄与编辑，因此制作者能随手拍、随时记录，将身边的新闻事件及时发布在网络上。例如，发生在 2018 年 1 月的某幼儿园组织全园学生观看杀猪事件，就是由一位普通网民随手拍摄，并上传在网络平台上的，这一视频引起了一定的关注量，使得各路微博大 V 纷纷转发该视频，进一步激起了网民的关注与热烈讨论。从短视频自身的性质来看，短视频比文字更为直观，其现场感、真实感更强，对受众的文化水平要求较低，因此可以使事件的受众群体更为广泛。同时，短视频的时长较短，观看者可以在快速观看后选择转发和分享，这使视频的传播速度大大提高。此外，视频社交平台的不断涌现以及社交平台的视频化，如微博、微信都成了短视频的主要传播平台，使得短视频的传播范围进一步得到扩大。

2. 媒体在选题、数量和风格上呈现不同的报道偏好

不同媒体虽然大体上都坚持以传统的新闻价值为标准选择报道事件，但由于定位差异，形成了各自的报道偏好。分析不同媒体的报道偏好，既有助于舆情工作者敏锐地发掘尚处于萌芽期的舆情事件，也可以帮助舆情工作者借助舆情发布媒体来判断舆情当前的态势与紧迫程度，以及反映政府对不同舆情事件的重视程度。

课题组根据媒体的报道内容、发行范围、从属关系选择了四个相对具有代表性的主流媒体微博账号进行媒体报道偏好分析：截至 2018 年 12 月 31 日，@央视新闻——中央电视台新闻中心官方微博，粉丝 7 981 万；@澎湃新闻——上海报业集团旗下的时政新闻平台，粉丝 1 543 万；@中国青年报——中国共产主义青年团中央机关报官方微博，粉丝 1 138 万；@南方都市报——南方都市报官方微博，粉丝 1 627 万。分析角度为报道选题、数量、风格，其分析结果如下。

从报道选题上来看，@央视新闻作为一个综合性的媒体，是中国重要的新闻舆论机构，因此其更加关注国计民生、党和国家领导人重要讲话、中国形象塑造等宏大话题，教育舆情并不突出。但是经@央视新闻报道的负面教育舆情大多性质严重，该媒体对非正常伤亡类的负面舆情会迅速做出反应。例如，2018 年 11 月发生的"辽宁省葫芦岛一小学门前汽车致 5 人死亡，18 人受伤事件"。除此之外，@央视新闻也十分重视教育领域正面舆情的宣传，其报道往往涉及教育领域重大改革、法规的出台和颁布以及优秀师生形象塑造等话题。例如，2018 年 12

① 中国互联网络信息中心：第 42 次《中国互联网络发展状况统计报告》，42～43 页，北京，2018。

月的"教育部等九部门印发中小学生'减负三十条'""95后女孩匿名资助贫困生三年"等事件。《中国青年报》是中国共产主义青年团中央机关报，是以各族青年为主要读者的全国性综合日报。由于其主要读者与教育舆情事件最主要的主体——学生高度重合，其微博会发布大量的教育领域的报道。@中国青年报经常会发布校园内的新鲜事儿、趣事儿，对于校园内的事件有着极高的敏感，且热衷于对教育现象发表评论，可以称得上是事无大小均可循迹，因此其经常成为教育网络舆情信息源，被其他微博转发。例如，2018年12月被直播改变的贫困地区高中事件，便是@澎湃新闻从@中国青年报微博转载而来的。相比较之下，@澎湃新闻相对喜欢聚焦于负面事件。而@南方都市报则带有明显的地域性，绝大多数新闻发生地均在我国华南、西南地区。

从报道数量上看，截至2018年12月31日，@央视新闻平均月发博量为1 010条，教育类舆情所占比重相对较低，平均13条，约占比1.3%；@澎湃新闻平均月发博量为1 398条，教育类舆情平均22条，约占比1.6%；@中国青年报平均月发博量为1 152条，教育类舆情平均134条，约占比11.6%；@南方都市报平均月发博量为405条，教育类舆情平均10条，约占比2.5%。总体来说，@中国青年报是四个典型微博中最热衷于报道教育舆情的媒体，而其他三家微博虽报道数量远低于它，但发布的均是在全国有一定影响力的教育舆情事件。

从报道风格上看，除非特别重大的舆情，否则@央视新闻一般会在事件有了相对清晰的轮廓后再进行报道。虽然时效性上相对落后，但更加客观公正，注重对事实的描述。@澎湃新闻则是追求时效性，一般采取一事多报、边采边报的方式，在获得线索后迅速对事件进行报道，在持续跟进中接近事实真相。这样的报道风格十分符合互联网时代网民希望迅速得到最新信息的需要，但是在一定程度上可能会因为缺乏仔细的调查而使得新闻真实性受损。并且其为了追求关注度，会选择使用比较夺人眼球的题目。例如，在2018年11月发生的"举报堂姐顶替学籍上大学事件"中，澎湃新闻先后发布了《罗生门没完？顶替学籍事件举报人对结果不服》《罗生门查明了！顶替堂妹学籍属实，分数确是自己考取》为标题的报道。

(三)传播情感与事件类型显著相关，受众情感聚合更加迅速

对舆情事件进行传播情感分析，有助于了解网民心理，从而更好地进行舆情应对和引导。课题组将传播情感分为积极、消极以及中性情感，并对收录的全部教育网络舆情事件传播情感进行了分析。课题组既关注了总的信息传播情感，又对舆情事件在微博平台的传播感情状态进行了单独分析。这是因为微博这一传播方式具有"广场式"的传播特性，且用户数已超三亿，具有人数庞大、群体多元、影响力大的特征，是教育网络舆情最主要的传播平台。

1. 中性情感占据总体情感的主导地位

舆情事件的情感分布是基于清博大数据舆情系统通过词频统计分析所得，其中绝大多数事件中中性情感约占比最高，因此课题组没有简单地根据数据的绝对值判定传播情感，而是制订了更为科学合理的判断方法对教育网络舆情事件情感倾向进行分类。

如图 1-1-11 所示，总信息传播情感以中性情感为主的舆情事件数量最多，为 157 起，约占比 49.5％；以消极情感为主的舆情事件数量为 134 起，约占比 42.3％；以积极情感为主的舆情事件数量为 26 起，约占比 8.2％。

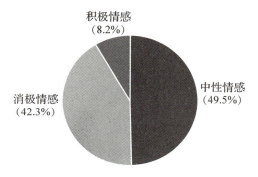

图 1-1-11　2018 年中国教育网络舆情事件总信息传播情感分布图

数据来源：清博大数据舆情系统

在以中性情感为主的 157 起舆情事件中，政策型舆情共 62 起，约占比 39.5％；事件型舆情为 95 起，约占比 60.5％。其中，事件型舆情中校园管理类舆情事件占比最大，约占比 25.4％；其次为教育成就类与师德师风类，占比分别约为 17.5％与 11.1％。在以消极情感为主的 134 起舆情事件中，政策型舆情共 15 起，约占比 11.2％；事件型舆情为 119 起，约占比 88.8％。其中，事件型舆情中以校园管理类舆情事件占比最大，约为 44.6％。其次为维权诉求类，约占比 10.8％。师德师风类与非正常伤亡类并列第三，约占比 9.5％。在以积极情感为主的 26 起舆情事件中，政策型舆情共 17 起，约占比 65.4％；事件型舆情为 9 起，约占比 34.6％。其中，事件型舆情中以教育改革类舆情事件占比最大，约为 66.67％，其次为校园管理类舆情事件，约占比 33.3％。

在事件性质为负面的 155 起教育网络舆情事件中，虽然总信息传播情感以消极情感为主的事件占比最大，约为 65.2％。但以中性情感为主和以积极情感为主的事件仍占据一定的比例，分别约为 32.9％和 1.9％，可见整体上媒体与网民能够以较为理性的态度参与到负面舆情事件的讨论中。此外，在 94 起政策型舆情事件中，以消极情感为主的舆情事件为 15 起，约占比 16.0％。导致此现象出现的原因主要是此类事件政策涉及的相关内容偏向负面。

2. 微博情感与总体情感呈现相同特征

如图 1-1-12 所示，微博平台传播情感以中性情感为主的舆情事件数量最多，为 213 起，约占比 67.2%；以消极情感为主的舆情事件数量为 94 起，约占比 29.7%；以积极情感为主的舆情事件数量为 10 起，约占比 3.1%。

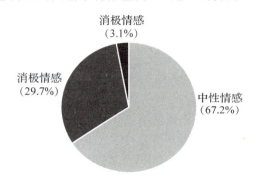

图 1-1-12　2018 年中国教育网络舆情事件微博平台传播情感分布图

数据来源：清博大数据舆情系统

在以中性情感为主的 213 起舆情事件中，政策型舆情共 72 起，约占比 33.8%；事件型舆情为 141 起，约占比 66.2%。其中，事件型舆情以校园管理类舆情事件占比最大，约为 29.6%。其次为教育成就类与家校关系类，约占比 10.2%。在以消极情感为主的 94 起舆情事件中，政策型舆情共 14 起，约占比 14.9%；事件型舆情为 80 起，约占比 85.1%。其中，事件型舆情中以校园管理类舆情事件占比最大，约为 45.8%。其次为维权诉求类与师德师风类，约占比 12.5%。非正常伤亡类约占比 10.4%，排行第四。在以积极情感为主的 10 起舆情事件中，政策型舆情共 8 起，约占比 80%；事件型舆情为 2 起，约占比 20%。其中，事件型舆情中仅为校园管理类舆情事件，占比 100%。

在事件性质为负面的 155 起教育网络舆情事件中，以中性情感为主的事件占比过半，约为 53.8%，可见整体上微博网民能够以较为理性的态度参与到负面舆情事件的讨论中。此外，在 94 起政策型舆情事件中，以消极情感为主的舆情事件为 12 起，约占比 12.8%。同样地，导致此现象出现的主要原因是此类事件政策所针对的相关内容偏向负面。

从整体上看，微博平台传播情感分布特征与总信息传播情感分布特征基本相同，都以中性情感为主。相比较而言，微博平台整体传播情感更倾向于中性，这与微博平台用户群体多元、用户讨论舆情事件的范围与视角更为广泛等特点是分不开的。

3. 教育改革、教育成就及政策型情感相对倾向割裂

课题组根据教育网络舆情事件中积极、消极情感占比的差距，分析舆情事件中网民情感的割裂与统一状况。根据数据分析，积极、消极情感占比差距大，判定为情感倾向统一；两种情感占比差距小，则判定为情感倾向割裂。

对于事件型舆情，家校关系、校园管理、维权诉求、师德师风、学术不端、意识形态、教育腐败、非正常伤亡等类型的舆情事件在积极情感与消极情感整体上占比差距大。普遍而言，消极情感占比大于积极情感占比，网民情感总体倾向统一。例如，在 2018 年 12 月的"湖南新宁通报'10 女生校园欺凌事件'"中，总信息中积极情感占比 0%，消极情感约占比 70.59%；微博中积极情感占比 0%，消极情感约占比 33.33%。而教育改革、教育成就类舆情事件中积极情感与消极情感整体上占比差距相对较小，积极情感占比普遍大于消极情感占比，网民情感相对倾向割裂，存在较小范围内的争议。例如，2018 年 12 月的"贫困地区高中升学率被直播改变事件"中，总信息中积极情感约占比 5.41%，消极情感约占比 2.96%；微博中积极情感约占比 4.62%，消极情感约占比 3.15%。

虽然整体情感与微博情感主要特征相似，但是对于政策型舆情，总信息积极情感与消极情感占比差距较大，积极情感占比普遍大于消极情感占比，网民情感偏向统一；而微博平台的大部分教育舆情事件中积极情感、消极情感占比差距一般较小，网民情感整体倾向割裂。例如，2018 年 7 月的石家庄市教育局称"从未规定适龄儿童、少年户口必须随父母双方才能入学"事件中，总信息中积极情感约占比 34.78%，消极情感约占比 3.86%，舆情情感倾向统一；微博中积极情感约占比 33.33%，消极情感约占比 22.22%，网民情感倾向割裂。

（四）关注度成为舆情影响力的重要指标，关注人群与事件类型相关联

没有了关注人群，也就没有了舆情。关注对象不仅是舆情事件传播的结果，也是舆情事件进一步传播的中间节点。无论是没有经过策划的突发舆情事件，还是经过专业议程设置希望能被广泛关注的舆情事件，其能够最终成为有影响力的舆情事件都有一个相同的重要原因，便是汇聚了互联网上足够多网民的目光。

1. 微博普通网民话语权增强，微博名人意见领袖被重新定义

在教育网络舆情中，微博作为最具影响力的社交平台之一，在舆情事件发生与发展的过程中发挥着重要的作用。课题组将原创微博的发布群体分为普通网民、名人、政府、其他机构四种类型，并分别统计了这四类群体在 2018 年发布有关教育网络舆情事件的微博账号数量。

如图 1-1-13 所示，发布有关教育舆情微博的普通网民人数最多，共为 988 224 人，约占总体的 95.4%。可见，原创微博主要来自普通网民。据微博发布报告显示，2018 年上半年微博活跃用户数已达 3 亿，越来越多的人愿意参与

到舆情事件的讨论中。因此，微博普通网民已成为网络舆情的重要参与者。普通网民庞大的基数是微博信息总量巨大的主要原因，但不可忽视的是微博普通网民的话语权也在逐渐增强。在传统传媒时代，话语权被主流媒体垄断，大众对事件的情绪与看法因为没能直接传播在各个平台与时空中，所以无法得到足够的关注和重视。可是随着新媒体的出现与兴盛，话语权的垄断局面被打破，普通网民能够通过微博平台就某一舆情事件发出自己的声音。而当这些声音被某些微博名人接收，经过微博名人的二次传播，使普通网民的声音影响力有所增强。例如，2018 年 1 月的云南冰花男孩事件，事件起初，普通网民在网上发布了几张冰花男孩的照片，男孩冒冰霜上学的造型引起了网友的关注，随后相关有影响力的微博账号也对该事件做进一步的报道，使得事件得到更多的关注，许多普通网民开始自发地在微博上为其发声，使事件的热度不断增加。因此，冰花男孩事件在各个平台上传播并引起主流媒体与政府的关注，也加快了政府出台救助留守儿童群体相关政策的脚步。

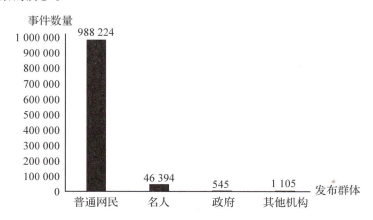

图 1-1-13　2018 年中国教育网络舆情事件原创微博发布群体分布图

数据来源：清博大数据舆情系统

发布原创微博人数排名第二的是微博名人，共有 46 394 人，约占总体的 4.48%。政府与其他机构发布原创微博的账号数较少，分别为 545 个与 1 105 个，占比分别约为 0.05% 与 0.1%。发布原创微博的微博名人的数量虽然不及普通网民的数量，但远远超过政府与其他机构，可见微博名人的影响力是巨大的。在早期的微博分析中，分析者是通过对微博用户可量化的"粉丝数"与"微博转发数"来判断其是否成了意见领袖。由于这些微博名人的粉丝对其有着强烈的认同，因此这类微博账户在微博上所发布的一切话语都会对其粉丝产生巨大的影响。但是随着人们互联网素养和媒介素养的提升，人们不再对某一个微博名人盲目地追从。若某拥有大量粉丝的用户针对某一舆情事件的表达只限于三言两语，或者只停留在简单地转发他人观点的层面上，相较于从前现在他已很难对自己的粉丝产生巨大的影响。而那些能持续关注网络舆情事件的微博名人，不断为粉丝提供有价值的信息，满足了人们对信息的需要，使其自身在该事件的影响力不断加强。并且其在与粉丝频繁的交流互动中，增加了粉丝对他们的认同感，最后成了事件的意见领袖。例如，微博账号@陈迪 Winston，他在 2018 年年中对 2017 年年底南昌大学研究院副院长性侵女大学生事件的后续进展发表相关言论，使该事件再度引起网友热议。这类微博名人常常对舆情事件进行持续关注并与粉丝保持高度互动，因此在舆情事件的每一次演变中，他们的影响力都是巨大的，而他们的意见发布也往往会导致本已平静的舆情事件又被网友广泛热议，达到事件热度的又一个小高峰。

因此，微博上的意见领袖不能再像过去那样单纯地依靠可量化的粉丝数和转发数来定义，而那些为事件持续发声并保持与粉丝高互动率的微博名人，才是真正会对教育舆情事件走向起重大作用的意见领袖。

2. 舆情事件转发量总体较少，事件型舆情转发量高于政策型舆情

如图 1-1-14 所示，课题组将收录的教育网络舆情事件进行转发量排序，转发量在 0～1 000 的舆情事件最多，共 218 起，约占总体的 68.8%。转发量在 1 001～5 000 的舆情事件有 50 起，约占比 15.8%，排名第二。转发量在 5 001～10 000、10 000 以上的舆情事件则分别有 20 起、29 起，对应占比约为 6.3%、9.1%。我们可以看出，转发量在 5 000 以下的事件占比超八成，是教育网络舆情最重要的构成部分。

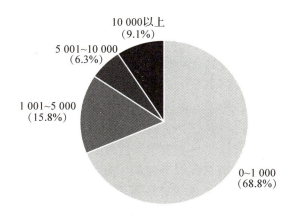

图 1-1-14   2018 年中国教育网络舆情事件转发量分布图

数据来源：清博大数据舆情系统

将舆情事件转发量与类型进行交叉分析我们发现，事件型舆情中转发量为0～1 000的事件有142起，约占该区间的65.1%。在转发量为1 001～5 000、5 001～10 000以及10 000以上的舆情事件中，事件型舆情在对应区间的占比分别约为72%、85%、96.6%。从总体上看，事件型舆情的转发量普遍高于政策型舆情，并且在转发量越高的区间，事件型所占比例就越高。将事件型舆情按照类型继续细分我们发现，在转发量为0～1 000、1 001～5 000以及10 000以上的事件中校园管理类舆情均最受关注，占比分别约为17.9%、30%、27.6%。在转发量为5 000～10 000的舆情事件中，最受关注的是师德师风类舆情，约占35%。

(五)舆情持续时间普遍较短，事件突发特征明显

舆情事件的持续时间，是指事件在网络中酝酿、发展、爆发、衰退、消亡所持续的时长。课题组对舆情事件持续时间与到达舆情峰值时间进行分析，有助于把握舆情发展脉络，为舆情回应与处置提供有效参考。通过数据分析得知，教育网络舆情事件持续时间较短、事件突发特征明显。

1. 舆情周期普遍较短，政策型舆情相对持久

如图1-1-15所示，课题组将舆情事件的持续时间分为以下几个区间：1～3天、4～7天、8～14天、15～30天以及30天以上。对收录的全年教育网络舆情事件进行分析后发现，持续时间为4～7天的舆情事件数量最多，高达115起，约占全年事件的36.3%。其次为持续时间在8～14天的舆情事件，共80起，约占比25.2%。持续时间在1～3天、15～30天、30天以上的舆情事件数量逐渐递减，分别有59起、45起、18起，对应占比约为18.6%、14.2%与5.7%。持续时间在一周内的舆情事件共174起，约占比54.9%，可见大多数舆情事件的生命周期较短。

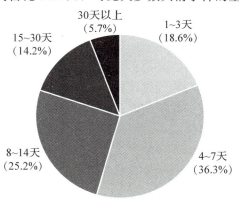

图 1-1-15　2018 年中国教育网络舆情事件持续时间分布图

数据来源：清博大数据舆情系统

将舆情事件持续时间与类型进行交叉分析发现，以 14 天为分界线，事件类型存在较大差异。持续时间在 14 天及以下的舆情事件共 254 起，政策型与事件型舆情在其中的占比分别约为 24.8%、75.2%，比例相差大。持续时间在 14 天以上的舆情事件共 63 起，政策型与事件型舆情所占比例分别约为 49.2% 与 50.8%，两者基本持平，可以看出政策型舆情的持续时间普遍较长。以教育部等五部门印发《教师教育振兴行动计划（2018—2022 年）》为例，该事件从 3 月 28 日开始发酵，133 天后达到舆情顶峰，随后开始回落，共传播 170 天，为全年持续时间最长的事件。

与 2017 年相比，2018 年持续时间在 1～7 天的舆情事件仍是主体，但比重有所下降，约下降 4.1%。持续时间在 8～14 天的舆情事件下降幅度较大，约达 9.2%。与之相反，持续时间在 15～30 天、30 天以上的舆情事件则有所增加，增幅分别约为 9.2%、4.1%。造成上述现象的一个原因是，政策型舆情的持续时间普遍较长，而 2018 年收录的政策型舆情事件数量与去年相比增加了 13.4%，因此持续时间在 14 天以上的舆情事件比重也相应增加。

2. 事件突发特征明显，多在事发两天内到达舆情峰值

如图 1-1-16 所示，课题组对舆情事件到达舆情峰值时间进行统计，在所有事件中，舆情在第一天就到达峰值的事件最多，有 100 起，约占比 31.6%。在第二天到达峰值的事件与第一天差距很小，为 98 起，约占 30.9%。将两者相加，共有 198 起事件，约占比 62.5%，这说明教育网络舆情事件潜伏期较短，爆发力强，突发特征明显。在 2018 年 4 月 27 日陕西米脂发生的故意杀害学生事件中，事件发生后不久，有网民在微博上进行爆料，引发社会广泛关注与讨论，并在一天内到达舆情高峰。在舆情发生第三天、第四天、第五天及第五天之后到达峰值的事件所占比重较小，分别约为 14.5%、6.3%、2.5%、14.2%。

与 2017 年相比，2018 年舆情在第一天、第三天、第五天到达峰值的事件有所减少，降幅分别约为 9.4%、10.1%、9%。在第二天、第四天、第五天之后到达峰值的舆情事件比例则分别增加了约 11.2%、3%、1.1%。结合案例发现，舆情事件在第一天到达峰值的比重下降，并不意味着舆情爆发时能留给相关主体更多的反应时间。相反，媒体现在对舆情事件多采取追踪式报道，在第一时间曝光后会持续追踪事态的发展。在这种报道方式下，不断有新信息进入，单个舆情事件可能会出现多个高峰，因此舆情在第一天到达峰值的占比有所减少。

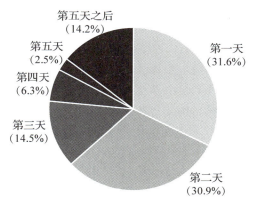

图 1-1-16　2018 年中国教育网络舆情事件达到舆情峰值时间分布图
数据来源：清博大数据舆情系统

三、2018 年中国教育网络舆情的主要特征

通过对教育网络舆情事件分布状况和传播状况的深入剖析以及对媒介和社会发展状况的深刻反思，课题组以从宏观到微观、从内容到平台的思路分析了 2018 年中国教育网络舆情，辨析出 2018 年全国教育网络舆情事件具有的六大特征。

1. 媒体与政府互动下议程设置专业化

改革开放后，我国媒体的角色经历了从"党和政府的耳目喉舌"到"政府智囊""民意晴雨表"等的叠加转化，媒体与政府的关系由单一转向多重。[①] 虽然政府仍以直接或间接的方式对媒体进行管理和规制，但双方互动逐渐增多，两者既是共生，也是合作。在教育领域同样如此，媒体利用自身的议程设置功能，通过新闻报道等信息传达活动赋予各种教育议题不同程度的显著性，影响着公众与政府对"大事"及其重要性的判断。在政府做出回应或相应举措后，媒体又对其进行广泛传播，扩大政府行为的影响面。2018 年，媒体与政府在互动中进行了更为专业化的议程设置。

媒体依据新闻价值对部分教育议题进行重点关注，而这些议题恰好是中国目前教育发展中普遍存在的问题，契合政府关注点。媒体议程在很大程度上影响了政府议程，并对相关决策的制定与出台起到了很好的铺垫作用。2018 年 9 月 10 日全国教育大会在北京召开，会上提出要规范校外培训机构的发展，在此之前媒

---

① 　罗以澄、姚劲松：《中国共产党执政合法性演进中的媒介角色变迁》，载《当代传播》，2012(2)。

体已经多次报道相关话题。例如，2018年1月哈尔滨市纪委通报8起中小学教师违规问题，其中5起系教师私自有偿补课；2月部分教辅机构打"擦边球"，在小区内进行私人办学，违规招生；5月教育部等三部门专项督查校外培训机构，暗访学生、家长等。大会上还提出要加强对学生的心理健康教育，在一定程度上反映了政府对2018年曝光的多起由学生心理问题造成的伤亡事件的关注和重视，并将相关教育工作提上议程。例如，2018年1月武汉一大四男生自称"大学四年被当狗"刀捅室友、3月武汉理工大学研究生陶崇园自杀身亡、6月武汉大学大四学生坠楼自杀等事件均与学生心理失衡有关，事发后引发社会广泛关注，舆情持续发酵。

此外，媒体对于政府回应与相应举措报道到位，不仅为公众了解政府工作动态提供窗口，帮助疏导公众情绪，还能通过评论等方式让政府听见民声、看见民意，促进双方相互理解与信任。针对近一两年职业学校学生实习状况频发问题，2018年2月，教育部等六部门印发《职业学校校企合作促进办法》，明确了职业学校和企业可开7种合作形式。媒体对该办法的颁布进行大力传播，在清博大数据舆情系统中共搜索出9 986条相关报道。公众在微博上呈现的情绪中，中性情感为主导，约占比77.06%；正面情感以绝对优势压倒负面情感，占比分别约为21.47%和1.47%。近两年，城乡教育失衡问题也成为媒体关注重点。例如，2018年2月吉林省公主岭市三门李村小学一个学生的开学典礼一经报道便引起广泛关注，该学校被称为"最孤单"小学。针对同类问题，2018年7月教育部、财政部联合印发《银龄讲学计划实施方案》。2017年以来，师德师风类舆情频发，包括体罚、索利、性侵等恶性事件。2018年11月，教育部印发《新时代高校教师职业行为十项准则》《新时代中小学教师职业行为十项准则》《新时代幼儿园教师职业行为十项准则》。

2. 微信群广泛应用下家校冲突显著化

《2018微信年度数据报告》显示，2018年每天有10.1亿用户登录微信，日发送微信消息450亿条，较2017年分别增长12%与18%。[①]通过数据可以看出，微信已经日益融入中国人的日常生活中。传统的家校沟通，主要是通过家访、家长会、家长开放日等形式来实现，随着微信的普及，建立微信家长群实现网上互动与对话成为家长与老师日常沟通的主要方式。班级建立微信群的初衷是希望家长与老师减小学校教育与家庭教育的信息差，以良好的家校关系促进孩子成长。但在现实生活中，家长群的出现却导致家校双方的冲突更加显著，相关网络舆情

---

① 腾讯微信团队：《2018微信数据报告》，https://m.weibo.cn/1930378853/432651，5490145699，2019-01-09。

事件频发。

在与家长群相关的教育网络舆情中，家长充当的角色一般为两种：一个是舆情事件的引发者，另一个是舆情事件的曝光者。部分舆情的爆发是由于家长存在通过微信群过分要求或过度干涉老师的行为。例如，2018年6月，一学生家长在群内询问老师是否已经发放考卷，老师未及时回复，该家长在群里爆粗口后到学校对老师进行言语威胁和殴打。部分家长在微信群里称老师没有义务告知家长是否发放试卷，涉事家长则称"谁发谁有责任"。事件曝光引发公众广泛讨论，舆论基本一边倒支持老师，认为在社交平台未普及的时代，老师对家长本就不存在此类告知义务。此外，与家长群相关的舆情事件基本是由家长曝光的，并且常常附有聊天截图，因此家长的另一身份是曝光者。例如，2018年9月，一小学家长深夜在家长群里问老师睡了吗，老师回复后，该家长又说："你睡了，我闺女还没睡觉呢！你睡什么睡！"随后该家长被老师移出群聊。群里的其他家长将聊天记录截图并在网上曝光，当天，话题"深夜爸爸问老师睡了吗"登上微博热搜，新华社、澎湃新闻等媒体均转发。

与家长在相关舆情事件中的角色相比，老师的角色较为单一，一般为舆情事件的引发者。一方面，老师利用家长群转嫁自己的责任，把家庭作业变成家长作业，在移情作用下演变成舆情热点，引发公众广泛关注与讨论。在社交应用还没有普及前，老师一般是通过口头说明或者在黑板上书写将作业直接布置给学生。对于一些超过课程标准的知识，老师按规定不能在课堂上做要求，于是就通过微信群布置，教的重任就落在了家长的肩上。转嫁责任的老师不在少数，越来越多的家长也在无形中增加了负担，此类舆情事件一旦曝光，便迅速唤起家长情感共鸣，舆情热度持续走高。另一方面，老师在家长群面对一个班级的家长，与群体交流的方式欠妥，产生矛盾，引发负面舆情。2018年5月底，河南一小学班主任一封辞职信引发关注，这位班主任把学生成绩发到了家长群里，引发部分家长的不满，受到家长要求道歉的威胁，该教师请辞。2018年6月3日，@人民日报发布了一条"老师将成绩发家长群引不满：登门道歉否则告到县教体局"的微博，得到大量网民的转发评论及点赞，同时@每日经济新闻、@澎湃新闻等媒体也发布事件相关微博，致使该舆情呈现急剧上升走势。

3. 多主体传播下教师形象立体化

随着移动互联网的快速发展和智能手机的普及，以手机应用为载体的自媒体平台保持着较高的活跃度，用户群体日益丰富，且娱乐功能深受网民喜爱。便捷的智能化操作也使得更多的网民以各种各样的形式参与到教育网络舆情传播中。2018年，不少网民善于挖掘教师的课堂教学与课后日常的新鲜点，并发布到网上，有意识地打造心中的教师形象。与往年不同的是，2018年多元主体传播的与教师相关的内容对媒体报道进行了良好的扩充，使得教师教书育人的岗位形象更加鲜活和立体，充斥着更多的正能量。

具体来看，学生对教师形象的传播饱含着极大的热情，在自媒体平台活跃度较高，且乐于用引发网民关注提升网络热度的方式表达对老师的喜爱之情，积极展现老师独特的个人魅力或精湛的教学水平。例如，2018 年 1 月，湖南大学法学院新聘任的"90 后"副教授陈少威登上了微博热搜前三名。其学生将老师上课的一张照片发在网上，再加上"90 后""高颜值""小鲜肉"和"大学副教授""清华大学博士"的标签混合传播，快速引爆舆情场，带动更多高校学生转发和讨论，引起了媒体的关注和报道。2018 年下半年，复旦大学教授陈果在抖音平台走红。因气质佳、形象好、课堂教学风格独特，陈果得到众多学生的肯定。其讲课的短视频在抖音平台大量传播，一些关于人生哲理的课堂内容也深受网友认可。网友不仅转发视频，还积极加工，进行二次创作。此外，部分老师的自我传播意识也在增强，乐于分享自己的教学内容，与网民交流互动。下半年，华中师范大学文学院教授戴建业以"吐槽风"讲古诗的授课方式走红网络。不久，戴建业教授开通抖音账号，在抖音上系列化、专业化持续发布讲课、讲座视频，点赞量累积超过350 万。还有一位南京某高校的社会学老师——抖音博主"陈言逻辑"，因一条播放量超过 1 800 万、点赞量达 58 万的课堂短视频获得广泛关注，之后粉丝数破50 万。他从社会学角度通俗易懂地阐释对人生观、恋爱观、家庭观等独到的见解，并积极在评论区与网友互动，给网民带来一种亲切感。

同时，专业媒体对于教师形象的塑造仍然发挥着很大的作用，一些爱岗敬业的教师典型屡屡出现在报道中。例如，2018 年 6 月，河南信阳一小学女教师为保护学生殉职，得到媒体的集中报道，引发强烈的社会反响。2018 年 7 月，清华大学 93 岁退休教授仍坚守讲台，在媒体的带动下，网友纷纷为老师的敬业精神点赞。除此之外，往年容易点燃舆情的与教师有关的负面事件依然是媒体关注的焦点。例如，2018 年 3 月，武汉理工大学研究生陶崇园疑因长期被导师精神压迫坠亡，媒体跟进报道使得舆情热度几度高涨，引发网民热议研究生导师师德的相关话题。

4. 网络围观下学生组织官僚作风焦点化

早在 2014 年，中国青年报社会调查中心发起的一项网络调查显示，41.6%的受访者表示社团活动对充实自己并无帮助，这其中又有高达 59.3% 的网友表示"社团干部官僚化"问题严重。事实上，高校学生组织官僚化的现象一直存在，但没有成为舆情关注的焦点。2018 年 7 月，中山大学学生干部任免名单公布后在网上快速引发了强烈的争议。短短几个月内，类似网络舆情事件在许多高校频繁爆发，媒体报道频率也增加，网民讨论相关话题的热度长期没有消退，媒体议程和公众议程的重视使得学生组织官僚作风问题成为 2018 年教育网络舆情突出的关注焦点之一。

中山大学学生干部任免名单将学生会干部岗位注明了"正部长级""副部长级"等标识，迅速吸引了网民的注意，大量网民批评这做法过于"官僚主义"，但也有部分网友认为不必过度解读。这样针锋相对的讨论将"学生组织官僚化"话题推到了教育舆情场的中心，激起了阵阵回声。一份名单成为由头，让学生组织充满官僚气息的诸多具体工作细节作为关联舆情持续发酵，使得相关话题逐步深入。2018 年 10 月 1 日，在成都航空职业技术学院某学生聊天群内，因为有同学问了一句"7 号要开会吗，学长？"并@学生会主席，随即遭到另一社团干部的粗暴怒斥，并要求其他成员"注意自己的身份和说话方式"。随后，10 月 2 日四川理工学院（现更名为四川轻化工大学）、11 月 2 日江苏省盐城技师学院、11 月 7 日浙江大学连环曝出官气四溢的学生干部聊天记录截图。这些截图反映出高校学生干部的实际状态，将抽象的"官气"通过对话情境再现的方式呈现在网络上，直接刺激网民情绪。此外，媒体议程对于此类舆情的高涨起到了推动的作用，中央媒体对此事表明了批判的立场。例如，2018 年 7 月 21 日人民日报官方微博转发评论《"学生官"充斥校园不是哈哈一笑的事》，11 月 24 日新华网发表评论《学生干部官僚化要纠偏》。

2018 年五四青年节来临之际，习近平总书记在中国政法大学一班级的团日活动上提出"青年要立志做大事，不要立志做大官"，获得网民和媒体一致好评，营造了良好的舆情氛围，而下半年学生组织官僚化事件频频发生带来了强烈的舆情反差，在社会上激起了一片哗然。大多数高校在发生以上舆情事件后，当事人或学校官方组织基本选择在事情爆发的两天之内向社会解释情况、承认错误并道歉。虽然舆情事件主体回应得较为积极，但大多难以得到网友的谅解，这样就使得舆情热度一时间难以消退，反而进一步引发更多网民关注。在众声喧哗中，高校也深刻反思，2018 年 10 月 6 日，北京大学、清华大学、中国人民大学、中南大学等全国 41 所高校学生组织联合发起《学生会、研究生会干部自律公约》的倡议，强调学生干部要牢记自己的首要身份是学生，突出学生工作的本质是群众工作，坚决反对"官"本位思想和作风。此外，相关舆情也引起了中央的高度重视。2018 年 11 月 22 日，共青团中央、中华全国学生联合会召开了加强和改进学联学生会组织队伍建设座谈会，针对目前暴露出的突出问题展开讨论，积极推动此前颁布的改革措施落实落地，推动各级学联学生组织展现新面貌。

5. 互联网服务背景下校园管理网络化

互联网服务渐渐深入各行各业以及生活的方方面面，特别是移动网络技术的不断成熟，推动各类互联网商业服务迎来了发展高潮。网络服务的潮流也渐渐向教育领域蔓延，无论是衣食住行还是学习，校园逐渐萌发出网络化管理的因子。2017 年 5 月，北京师范大学推出"刷脸"进女生宿舍的管理办法，用人脸识别系统管理学生宿舍门禁；2018 年 2 月，浙江大学食堂也开通了"刷脸支付"功能，师生就餐全程无感支付，打开微信小程序还能获取实时就餐数据。校园网络化管理渐渐成为趋势，并逐步走进校内外的关注视野，并且在探索起步。但由于技术仍不成熟或管理理念仍不够科学，2018 年的关注点除了对其发展报以期待，更聚焦于现阶段暴露出的问题。

在生活方面，高校想要通过网络平台优化细节管理，提高管理效率，但目前来看效果并不理想，甚至还产生了负面事件，引发网民热议。2018 年 5 月，有媒体报道广东外语外贸大学要求学生每天"微信运动 1 万步"以督促学生增强运动，但有人买摇步器刷步数，网友一针见血地评为"上有政策，下有对策"。此外，2018 年 12 月，长沙理工大学的同学在微博上吐槽洗热水澡需下 App 扫码，还需携带手机进浴室，非常不便，引发网友和媒体的集中关注。2018 年 12 月 6 日，人民网转载《潇湘晨报》评论《App 泛滥校园是种病，得治》，媒体对此类校园现象持批判态度。

在学习方面，中小学教育领域的商业 App 也跃跃欲试。2018 年下半年，教辅类 App 进校园争议不断。有媒体报道一些中小学要求学生在 App 上写作业，但软件里暗含游戏、交友等与学习无关的功能，不适合未成年人阅读。2018 年 8 月，福州一中学家长反映学校推荐给学生一款 App 查看"考试报告"等考试信息，但在没有交费的情况下，只能查看一门科目的成绩，其他功能需要付费购买使用权限。这样的商业"吸金"手段引起了家长和大批网友的反感，商业营利性与教育公益性的矛盾成为 App 进校园的舆情焦灼点。2018 年 10 月 25 日，《人民日报》发表评论《内容不过关 资质难甄别 安装靠强制 教辅 App 缘何变了味》，2018 年 11 月 13 日新华广播发表评论《校园 App 泛滥："一刀切"管理与"唐僧肉"市场的利益合谋》，引起大批主流媒体转发和再评论。系列问题也得到了教育部的重视，2018 年 12 月 25 日，教育部办公厅发布《关于严禁有害 App 进入中小学校园的通知》，明确指出要立即开展全面排查，严格审查进入校园的学习类 App，加强日常监督并探索管理使用的长效机制。

6. 短视频兴起下舆情传播多元化

2018 年春节期间，在各种魔性话题、洗脑音乐的病毒式传播以及各种社交平台转发的推助下，于 2016 年 9 月上线的抖音 App 一炮而红，并迅速跻身短视频行业前列。最初，以"记录美好生活"定位的抖音平台，以普通用户的娱乐性内容传播和互动为主体，并强势影响大众的娱乐方式的改变。随着诸多主流媒体以及政务抖音号的陆续开通，抖音平台的信息传播功能逐渐凸显，且平台热度不断升温，用户量逐渐增加，评论也成为抖音中一道亮丽的风景线。信息传播和用户观点、态度的发布为舆情扩散奠定了基础，让短视频平台成为教育网络舆情又一新阵地。

具体来看，清华大学、中国人民大学、复旦大学、上海交通大学、湖南大学等高校陆续入驻抖音平台，开通同名官方账号①，通过短视频塑造高校形象、发布学校动态以及展示学生和老师的日常生活等，并借用抖音特有的叙事方式和表现形式拉近与整个平台用户的距离，成为抖音平台的一股清流。抖音平台也适时推出了"百校官抖计划"系列活动，鼓励高校入驻抖音平台，并提供相应的流量支持。另外，高校部分学生组织也开通了官方抖音号进行特色传播活动，如清华大学研究生会、中国人民大学广播站、云南大学学生会等。这些行为整体体现了高校在努力适应舆情传播与互动的新兴平台。

除了学校的自我传播，媒体抖音号在教育网络舆情的传播中也起到了较大的作用。媒体抖音号会发布一些可能会引发教育网络舆情的新闻事件，媒体舆论引导作用在抖音平台也逐渐显现出来。例如，2018 年 8 月，一男子在高铁霸座引发社会关注，有网友称该男子目前在中国社会科学院工作，谣传的教育背景瞬间引爆教育舆情场，微博、微信有大量的传播和讨论量。在此期间，"人民网"抖音号也发布了相关短视频，配有"有网友表示孙某博士期间发表的论文疑似抄袭"的字幕，点赞量超过 3.4 万。2018 年 12 月，河南巩义市一儿童送幼儿园后身上多处受伤，"河南广播电视台民生频道"抖音号发布 9 条短视频，累计点赞量超过 481 万，评论量超过 29.5 万次，转发量超过 8.2 万次，影响力广而深，带动了抖音平台用户对此事的情绪。此外，多元的普通用户作为用户原创内容（User Generated Content，UGC）生产者，也为抖音平台教育舆情的发酵添砖加瓦。例如，"家长陪孩子写作业"是抖音下半年常见的教育视频主题之一，多为家长用户发布，视频内容多展现家长陪孩子写作业过程中失去耐心或发火的场景，借此戏谑地传达家长因压力大，时常情绪崩溃的家庭教育现状。另外，在高考、毕业、入学、教师节、考研等重要的教育时间节点，相关主题的舆情传播在抖音平台蔚然成风，甚至抖音官方会适时抛出话题鼓动用户发布相关视频，引导平台传播正能量，带动社会对相关教育主体的关心与鼓励。

四、2018 年中国教育网络舆情的启示

当今时代，互联网技术有着远快于教育领域变化与发展的速度。因此，课题

---

① 官方账号：本文所说的官方账号是指教育部直属高校在抖音 App 中以高校全称命名注册的，且已通过抖音官方认证的蓝 V 账号，如"清华大学"等。诸如"××大学学生会"等蓝 V 账号，不计入此次调研中。

组在对 2018 年收录事件的观察的过程中，发现很多舆情事件背后都有互联网技术、网络媒体发展的身影。在这样一个新媒体进一步蓬勃发展，社交媒体用户几近峰值的年份，互联网的介入使得构成教育舆情的相关主体控制、影响他人的力量大小都产生了变化。因此，在研究教育网络舆情过程中必须要给予互联网这一要素足够的重视，对互联网技术尤其是互联网媒体的发展进行深刻的了解。

舆情的产生必然包含大量的信息传播与沟通，在传统媒体时代，一对多、"大喇叭"式的传播方式下，受众因信息反馈渠道匮乏，更多处于一个被动接受的状态，而 2018 年大量的舆情事件则是由普通的网民借助自媒体主动向外传播，并且相互回应，最终在足够多的关注下形成议题的。网民们借助互联网形成了多对多、网状的共振场，通过共振与专业媒体"相互唱和"，而这背后正是由互联网的本质属性"连接"所导致的。"连接"这一属性将对思考什么事情过去不是舆情而现在是，以及教育领域未来会在哪些新方向产生舆情带来以下几个重要的启示。

1. 多样化社会力量参与到教育网络舆情之中

教育领域因具有较高的专业性，并且涉及意识形态问题，在相当长的一段时间内处于一个相对独立的状态，因此也被人们称为象牙塔。但是，在互联网时代，这样一种相对独立的状态正在从多个角度或由内或由外打破。根据课题组收录的 2018 年教育网络舆情事件统计，社会人士越来越多地成了舆情事件的重要参与者。正是因为互联网技术与思维的驱使，越来越多的社会力量与教育系统连接在了一起，也造成了相应舆情事件的增多。

通过对 2018 年收录事件的观察，教育舆情中的社会力量主要分布在与学生关系最为密切的学习与生活两个领域。在学习领域，随着中国人口结构的调整和国内市场的消费升级，教育消费在中国家庭消费支出的比重越来越大，中国教育市场也保持着良好的发展态势，2018 年复合增速达 12%。① 大量的课外教育培训机构得到了学生与家长的关注，而在线教育这种更加便利且符合当代人学习习惯的教育方式发展潜力更是十分巨大的。在生活领域，随着高中与大学入学人数的不断增加，越来越多的住校生提出了对优质社会服务的需求。而学校在这些领域又不具备为其提供更高生活服务的资质与能力，因此往往需要通过市场化的行为让外部商业力量进入。

在这样一种时代背景之下，社会力量与教育系统均拥有打破独立状态的需求。然而除去少部分公益性质的社会力量，如免费早餐，大多数社会力量介入教育领域都是看到了教育市场的广阔前景，希望能从中分得一杯羹。但是教育系统则更多是因为自身在技术、资金方面的匮乏，希望通过利用社会力量来提供自己

---

① 德勤中国：《中国教育发展报告 2018》，http://www.sohu.com/a/257271120_483389，2018-08。

所需要的服务，以提高服务供给的质量和财政资金的使用效率，从而使自身能够更专注于教育本身。双方内动力的差异，导致社会力量比教育系统有着更强烈的与对方产生连接的欲望，而这也往往是教育舆情事件爆发的关键因素。2018 年出现了许多因为社会力量为教育领域提供的服务过于商业化而产生的舆情事件。例如，教辅 App 内含游戏重置界面与成人内容，过多校园内生活服务需要刷卡扫码。这些事件内部的核心矛盾是商业力量更多是从盈利而非教育的角度去思考问题，而互联网为他们开拓教育这样一个新兴市场提供了足够的便利。

不可否认，随着社会分工的进一步明确，必将会有越来越多的社会力量与教育系统产生连接，多样化的社会力量将会为学校与学生提供更丰富、更专业的服务。这虽然是一个大的趋势，但是教育管理部门不应该被动等待，而是要对这些社会力量严格把关，以学生的利益为前提，对服务中所含的商业信息尤其是可能涉及意识形态问题的内容保持足够的敏感，只有这样才能真正地用对、用好社会力量。

2. 学生和家长的价值判断成为教育网络舆情新燃点

在传统媒体时代，教育管理部门与学校凭借组织带来的优势，更容易接触、影响媒体力量，因此教育舆情事件更多是从管理者的角度进行价值判断，随后通过媒体的传播引起社会的关注。但是任何一个受传者都不会将所有接触到的信息全部吸收，而是会根据自己原有的态度、观念或者实际需要，对某些信息做出具有明显倾向性的关注。[1] 在自媒体时代，借助微博、微信等平台，学生和家长都有机会拿起了对外传播的"麦克风"，而"麦克风"在谁手中，就势必意味着其要为谁来发声。因此，在收录的 2018 年舆情事件中，出现了大量从学生和家长的视角进行价值判断并传播的舆情事件，这和传统媒体的视角存在差异。

家校产生联系是此类舆情事件发生的基础。在传统的家校关系中，老师与家长并非一组强连接，家庭与学校虽然有部分的合作，但整体上依旧处于相互独立的状态，因此双方信息的互动也十分有限，更没有平台去展示这个互动的过程，没有足够的关注自然也就难以产生舆情。但是随着微信群在学校的广泛应用，学生、家长与学校、老师的关系被进一步拉近，家校双方利用互联网平台可以进行频繁的沟通，越发紧密的联系，客观上增加了矛盾发生的可能。随着社会对教育的不断重视以及教育观念的逐渐进步，家校合作成了越来越多教育从业者与学生家长的共识。但是借助互联网所产生的如此紧密的联系与合作是前所未有的，因此双方对于家校各自的权利与义务的边界都尚未形成清晰的共识，这也为矛盾的产生埋下了隐患。例如，2018 年出现了许多由于家长在班级群内质询老师的某

① 李伟民、戴健林：《应用社会心理学新论》，北京，人民出版社，2006。

些行为引发的舆情事件。

如果说班级群为舆情事件产生提供了客观条件，那么朋友圈和自媒体平台便是推动其最终被广泛关注从而成为舆情的重要推手。在此类事件中，截图功能为原始地展现群内互动提供了便利，这些群内互动通过自媒体平台得到传播后，在弱连接环境下会得到大量有过类似经历的家长的认可与关注，他们的二次转发加速了事件的扩散，最终在整个网络环境中获得了足够大的影响力，成为舆情事件。虽然家校双方的根本目的是一致的，但是在具体利益上却有着一定的分歧。例如，家长到底要不要负责批改作业、是否要积极参与到学校安排的活动与事务之中、家长与老师究竟该用什么态度进行交流。这类矛盾过去并非不存在，只是家长们没有发声的平台，更没有办法将类似的观点进行聚集，而互联网给了他们一个表达意见的平台。同样地，学生也开始从自己的视角去评判学校的行为，并且发出声音，最终形成舆情，如2018年11月的"闽江学院外卖"事件。

在任何一方都有了表达的可能后，当其认为自身利益受到损害时其必将借助媒体发声。互联网又很容易将具有相似观点的网民集聚，这使得他们的看法和观点相较过去更容易形成舆情，因此将来会有越来越多以学生和家长的价值判断为尺度的舆情事件出现。与之类似，在校外教育资源与学生的联系日益紧密的环境下，学生、家长与课外辅导机构、家庭教师的矛盾很有可能成为今后的舆情多发区。

3. 弱连接环境下教育事件"局外人"声量增强

在网络空间中，人与人之间存在强、弱两种连接关系。比较熟悉的亲友之间属于强连接关系，而那些只停留在认识层面的朋友，或者仅有些许交集的陌生人之间属于弱连接关系。从整体上看，弱连接关系是教育网络舆情中最主要的关系，大部分普通网民作为与事件无直接利益相关的"局外人"在舆情讨论中形成认知与联系。在课题组收录的2018年教育网络舆情事件中，普通网民的传播人数与微博转发人数都达到了较大的数值，而"局外人"是这两项数值最主要的构成主体，这为舆情管理与处置带来了新思路和新挑战。

自媒体的发展为人们之间弱连接的形成提供了可能，而弱连接又加快了教育网络舆情的扩散。强连接往往形成一个个具有频繁互动的小圈子，弱连接则将大量有着相似看法与态度的人群连接成为一张大网，而其影响范围远远超过了前者，微信和微博分别是两者的代表。因此，对教育网络舆情事件进行讨论的"主战场"并不局限于教育领域内，而是很有可能突破圈层，将舆情事件置于整个互联网上进行讨论。而大量的媒体信息会带动公众议程设置，在尽可能大的范围内吸引公众的注意力，也许某一事件起初并未引起公众注意，或者公众并不认为此事重要，随着媒体的介入，网民开始关注该事件，并感觉该事件非常重要。① 舆情事件爆发后，大量网民借助微博、今日头条等弱连接自媒体涌入网络空间进行讨论，其中很大一部分网民是与事件没有直接相关利益的"局外人"。这些"局外人"们虽然互不相识、从未谋面，但却因互联网而连接在一起，他们乐于发出自己的声音，在观点辩论中形成认知与联系，并且音量逐渐增强，直至形成舆论。这些网民身份更加多元，具有与教育领域内人群不同的价值判断，他们更多的是从非专业的角度，结合自身的经验和体会来进行评价。

教育事件中"局外人"声量的增强，对舆情管理是一把"双刃剑"。一方面，更多人的关注意味着舆情事件在更大程度上被置于社会监督之下，有利于提高相关部门对舆情事件的回应与处置效率。2018 年 4 月 5 日，南京大学文学院教授沈阳被曝在北京大学任教期间曾对女学生进行性骚扰致其自杀，引起网友议论纷纷，南京大学一时被置于舆论风口上。在强大的社会舆论压力下，次日南京大学便发表声明表示高度重视，并成立专门工作组对事件进行调查和研判。同时，"局外人"作为与事件非直接相关者，能够从旁观者的角度提出一些有参考价值的意见或建议，客观上也对舆情事件的解决提供了帮助。另一方面，"局外人"由于缺乏专业领域素养，且个人感情色彩较强，在某些情况下会对教育舆情事件产生一定的误会与偏见，甚至引导舆论走向，为舆情管理工作增添一定的难度。

4. 教育网络舆情发酵中心趋于下沉

在互联网舆论世界，表面的力量远远重要于整体的力量，在争取认同时以普通网民为代表的"弱者"拥有舆论中最具决定性的力量，那就是数量。② 在传统媒体时代，专业的媒体组织是主要的议程设置者，其关注点多在教育制度变革与突发事件等重大议题上，公众日常生活中的小事很难进入媒体议程。进入互联网时代，公众能够通过各类自媒体平台发布与教育相关的事件或观点，在课题组收录的 2018 年教育网络舆情事件中，由微博首发的事件超三成，微信的重要性日益凸显，抖音的视频曝光也成为一个新趋势。在网民的"代入感"与移情作用下，一些生活中的小热点最终也会演变为大舆情。教育网络舆情发酵中心趋于下沉，对公众个人议题与热门跟帖的关注与研判是舆情管理的新任务。

社会公众所关心、讨论的话题在很大程度上受媒体新闻报道与其他信息传达活动的影响，随着自媒体的迅猛发展，议程设置方式也在发生着改变。传统的议程设置主要是由媒体组织完成的，专业化媒体依据一定的新闻价值标准与法规制

---

① 朱代琼、王国华：《基于社会情绪"扩音"机制的网络舆情传播分析——以"红黄蓝幼儿园虐童事件"为例》，载《西南民族大学学报（人文社科版）》，2019(3)。

② 邹振东：《弱传播》，30 页，北京，国家行政学院出版社，2018。

度选择所报道的事件，因此议题通常较为宏大，2018年的全国教育大会便是专业媒体策划报道的重点。自媒体赋予公众更大的表达空间，使得公众的自我议程设置成为可能。在教育网络舆情中，由这种方式引发的舆情比例也在逐渐提高，舆情事件的发酵呈现出由下至上的动势。越来越多的公众将日常生活中与教育相关的事件，发布到微博、微信、抖音等自媒体平台，进行个人自发或自觉的议程设置。在得到广泛的关注与讨论后，个人设置的议题会成为公众议题。议题的讨论持续扩大，通过各种传播渠道引起了大众媒体的关注，进入媒体议程。媒体对事件或观点进行报道，再一次扩大传播面与影响力，使之成为社会舆论的中心议题。2018年高校教师性侵、家长老师微信群起冲突等事件频发，在这些舆情事件中，个人微博爆料往往成为舆情发酵中心，自下而上进行传播和扩散，甚至影响教育部门政策的制定和出台。

除了发布个人议题，由网民跟帖所引发的教育网络舆情事件也越来越多，舆情进一步下沉。由跟帖引发的舆情事件通常与帖子正文阐述的事件具有一定的关联性，帖子正文曝光的主事件可能导致网民产生代入感，在移情作用下，网民通过跟帖表达诉求。热门跟帖能起到推高话题热度、影响舆论走向的作用，在某些情况下，甚至还能成为次生舆情诞生的"土壤"。2018年10月，成都航空职业技术学院学生会的官僚化作风在微博上被曝光，随后引发大量网民跟帖讨论。微博评论又相继曝出其他高校的同类事件，学生组织官僚化舆情在跟帖互动中又被推向另一个高峰。

5. 多元传播平台增强教育网络舆情共振

网络平台的日益成熟和丰富，使得网络传播信息分流但观点聚合，实际增强了教育网络舆情的传播力和影响力。其中，微博、微信稳居活跃媒体前列，头条号、网易号等自媒体内容资讯创作平台作为新兴力量为舆情传播助力，以抖音为代表的短视频平台，更以阅读和生产门槛低的视频传播方式让教育舆情向更多的人群延伸。在这样的媒介发展和网民推动之下，教育网络舆情在多平台之间的共振效应日益增强。单个事件多渠道共同发酵，多群体共同参与讨论；一个话题下的关联事件更容易在多平台的曝光中"系列化""标签化"，从而升级为重要的社会焦点。未来，对多平台的统筹和协调是教育网络舆情管理的新课题。

具体来看，"两微"的共振已经成为舆情发酵默契而成熟的方式。微博作为门槛低、包容性强的大广场，依然是教育网络舆情爆发的集中地。微博中的舆情因子会向微信转移，不论是新闻、评论，还是蹭热度的软文，微信公众号内容生产和朋友圈文章转发会给教育热点延续生命力的机会，用强连接增强传播可信度。反过来微信对微博的带动作用也不容忽视。值得注意的是，2018年微信家长群相关问题由微信扩展到微博，从而扩大了舆情影响力。此外，"三微"的发展趋势逐渐明朗，微视频追赶着微博、微信的步伐在飞速发展，为教育网络舆情共振又助一臂之力。在 2018 年重要的教育时间节点，短视频平台的话题传播产生了极强的影响力，呈现出了明显的焦点汇聚式传播。① 例如，抖音上"高考加油！我等你来""这是我的毕业之路""开学季采访一下"等话题视频播放量高达几十亿次，与同时期的微博话题榜、搜索引擎热搜共同推动重要的教育热点进入全民视野，提升整个社会的关注度。

活跃在平台之中归根结底是无数的传播者和受众，平台中的"人"才是舆情发生发展的关键与核心。在多平台的发展中，人的互动、交流、交叉传播是推动舆情共振的根本性因素。传统媒体报道的内容得到网民的转发，网民的关注点吸引媒体报道，两者的互动是推动教育网络舆情共振的重要形式。由于自媒体的扩展，专业媒体进驻多个平台，媒体得以与更多的网民互动，共振的频率和次数都有所提升。另外，同样的传播内容在多平台以多种形式呈现，也增强了相关话题和具体信息的传播广度和深度，更容易引发社会共鸣。拥有话语权的网民个体会接触多元的自媒体，进而会将同一内容在不同的平台多次传播，增强信息流动，特别是涉及师德师风、非正常伤亡等敏感问题，多平台交叉传播共振对舆情的爆发和持续走高有很大的推动作用，进而使得公众议程对媒体议程的影响更加强势。

① 高宾、王兰成：《网络衍生舆情的传播模型及分析方法研究》，载《情报理论与实践》，2019(3)。

第二部分　专题篇

习近平总书记讲话引热烈反响，指导新时代教育改革发展——2018 年全国教育大会网络舆情案例分析

【总述】2018 年召开的全国教育大会，规格非常高，且意义重大。舆论普遍认为，此次大会具有里程碑式的意义和划时代的影响，习近平总书记的讲话是指导新时代教育改革发展的纲领性文献。大会结束后，全国各界掀起了学习贯彻大会精神的热潮，教育界尤其倍感振奋。同时，大会宣传声势宏大，表达形式丰富多样。人民日报、新华社、中央电视台等主流媒体都对大会给予了高度关注；媒体通过"会前预热、会中报道、会后解读"层层推进，拉长了宣传周期；利用图解、视频、快闪 H5 等融媒体表现形式，增强了传播效果。此次大会对指导新时代教育改革发展具有重大意义，其宣传报道经验也值得推广。

一、舆情概述

（一）事件概述

2018 年 9 月 10 日，全国教育大会在北京召开。中共中央总书记、国家主席、中央军委主席习近平出席会议并发表重要讲话。同时，习近平代表党中央向全国广大教师和教育工作者致以节日的热烈祝贺和诚挚问候。

此次大会规格非常高，舆论反响积极热烈。人民日报、新华社、中央电视台等媒体对大会给予了高度关注，中央电视台《新闻联播》聚焦解读习近平总书记讲话"意蕴深刻、内涵丰富"是新时代指导我国教育改革发展的纲领性文献；媒体还

积极报道和展示全国各级党政机关传达贯彻学习大会精神的盛况。此外，在大会召开前后，主流媒体还集中报道了党的十八大以来我国教育事业取得的重大成就及涌现出来的典型经验和先进人物。

全国教育大会在教育界引发了强烈反响。广大师生高度赞誉习近平总书记讲话"高屋建瓴""情真意切"，认为大会的召开"具有里程碑式的意义和划时代的影响"。广大教育工作者也纷纷表示，要认真学习近平贯彻大会精神，同时也结合自身工作实际，畅谈对习近平总书记讲话精神的理解和感受。在该事件中，网民群体言论积极正面，网民点赞习总书记讲话，肯定教育事业对国家发展的重要性，并向教师群体送上了节日祝福，呼吁全社会弘扬尊师重教的优良传统。

(二)舆情特征

据统计，从 2018 年 9 月 10 日至 9 月 30 日，与全国教育大会相关的网络新闻 38 253 篇，微信 2 9218 篇，App21 986 篇，报刊 3 528 篇，论坛 3 023 篇，博客 349 篇，微博 294 条。如图 2-1-1 所示，从媒体平台信息分布图来看，网媒、微信、客户端平台对大会的关注度要明显高于其他平台。

如图 2-1-2 所示，从舆情走势图来看，2018 年 9 月 10 日至 9 月 14 日为会议报道的高峰期，此后全国各地党政机关认真学习贯彻大会精神，舆情直到 9 月底才逐渐息止，显示了有关大会的超长的宣传周期和舆情热度。

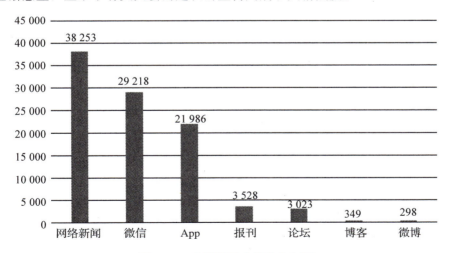

图 2-1-1　各媒体平台信息分布图

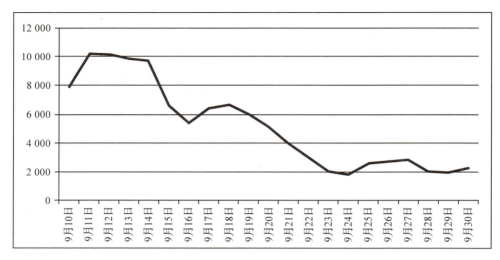

图 2-1-2 "全国教育大会"舆情走势图

二、舆论反馈

（一）媒体报道综合

全国教育大会引发媒体高度关注。媒体盛赞习近平总书记讲话，从多方面聚焦解读讲话中的重要论断。媒体还积极报道全国各级党政机关传达贯彻学习大会精神的盛况。此外，在大会召开前后，主流媒体还集中展现了党的十八大以来我国教育事业取得的重大成就，以及涌现出来的典型经验和先进人物。

1. 习近平总书记在大会上的讲话获得高度赞誉

习近平总书记出席 2018 年全国教育大会并发表重要讲话，获得媒体高度赞誉。新华社发文称，讲话全面总结党的十八大以来教育改革发展实践中形成的新理念、新思想、新观点，围绕"培养什么人、怎样培养人、为谁培养人"这一根本问题，提出工作要求，做出战略部署，为加快推动教育现代化、建设教育强国、办好人民满意的教育指明了方向。《求是》杂志称，习近平总书记的讲话意蕴深刻、内涵丰富，体现出高远的历史站位、宽广的国际视野和深邃的战略眼光，对做好新时代教育工作具有十分重要的指导意义。《中国教育报》发文称，习近平总书记的讲话立意深远、内容丰富、深刻全面，是一篇闪耀着马克思主义思想光辉的、新时代指导我国教育改革发展的纲领性文献，为我国教育事业发展指明了方向，提供了根本遵循，吹响了建设教育强国、实现教育现代化的号角，是新时代教育改革发展的行动指南。

2. 习近平总书记在讲话中的重要观点得到重点解读

习近平总书记在大会上的重要论述成了媒体解读的重点内容。针对"教育是国之大计、党之大计"这一重要论断，《人民日报》称，国势之强由于人，人材之成出于学。教育事关国家发展、事关民族未来。针对"坚持党对教育事业的全面领导"，《光明日报》称，党的全面领导是扎实办好中国特色社会主义教育的根本保证。中国特色社会主义最本质的特征是中国共产党领导，中国特色社会主义制度的最大优势是中国共产党领导。党政军民学，东西南北中，党是领导一切的。党的全面领导的最大优势，就是可以集中力量办大事。针对"坚持优先发展教育事业"，人民网称，教育事关国家发展、事关民族未来。今天，没有哪一项事业像教育这样影响甚至决定着接班人问题，影响甚至决定着国家长治久安，影响甚至决定着民族复兴和国家崛起。针对"办好教育事业，家庭、学校、政府、社会都有责任"，《中国教育报》称，全社会形成教育合力，要求教育、妇联等部门统筹协调社会资源支持服务家庭教育，加快形成家庭教育社会支持网络，推动家庭、学校、社会密切配合，共同促进少年儿童身心健康成长。针对"扭转不科学的教育评价导向"，光明网称，为破解"唯分数论""唯升学论"，教育评价应进一步体现综合性、多元性等特征，关注教育对象的品德发展、学业发展、兴趣特长养成等方面；为破解"唯文凭论""唯论文论"，教育评价标准要从单一向多样转型，评价主体应更加多元，评价结果的呈现方式应更加丰富，在关注教育对象学习能力的同时，关注他们的素质养成、创新精神与实践能力提升。

3. 密集报道各党政部门学习贯彻大会精神的盛况

此次教育大会规格颇高，习近平、李克强、汪洋、王沪宁、赵乐际、韩正均出席了会议。此次会议被称为"全国教育大会"，而不是以往的"全国教育工作会议"。大会结束后，各级党政部门纷纷部署学习贯彻大会精神。教育部官方网站消息称，9月12日，全国教育大会胜利闭幕第二天，教育部召开党组扩大会暨部党组理论学习中心组学习扩大会，认真学习领会全国教育大会上习近平总书记重要讲话以及李克强总理讲话和孙春兰副总理的总结讲话精神，研究部署贯彻落实工作。9月14日，教育部党组下发《关于认真学习贯彻全国教育大会精神的通知》要求，全国各级教育工作部门认真学习贯彻全国教育大会精神。中国军网报道称，全国教育大会在北京召开，军队也表彰了一批优秀教员，并首次将文职人员教员列为表彰对象。军队军事教育领域下一步将坚决贯彻落实全国教育大会精神。人民网报道称，公安部党委发出通知，要求各级公安机关特别是公安院校认真学习贯彻习近平总书记在全国教育大会上的重要讲话精神，奋力开创新时代公安教育工作新局面。此外，《北京日报》《解放日报》《南方日报》等党媒也分别报道了北京市委书记蔡奇、上海市委书记李强、广东省委书记李希等召开的会议，要求传达学习习近平总书记在全国教育大会上关于教育工作的重要论述。

4. 高度聚焦党的十八大以来教育改革发展成就

大会召开期间，媒体通过一系列数据成绩单展现了党的十八大以来的教育改革发展成就。新华社报道称，党的十八大以来，国家财政性教育经费占GDP（国内生产总值）的比例连年保持在4%以上。其中，累计资助各教育阶段学生4.25亿人次，为3 700万多名贫困地区义务教育阶段学生改善营养膳食；实施农村和贫困地区专项计划，累计录取学生37万人，形成了保障农村和贫困地区学生上重点高校的长效机制。《中国教育报》报道称，自党的十八大以来，我国学前教育事业一路爬坡过坎，实现了跨越式发展。幼儿"入园难""入园贵"难题得到了明显缓解，截至2017年，全国共有幼儿园25.5万多所，学前三年毛入园率达到79.6%。人民网报道称，2013年，国家启动义务教育发展基本均衡县（市、区）督导评估工作。截至目前，全国有2 379个县义务教育发展实现基本均衡，占全国总县数的81%。光明网报道称，党的十八大以来，一个变化正悄然发生：职业院校的学生正在从谋取"饭碗"转而追逐"梦想"。有数据统计，近5年来，产业发展程度高的广东省，职业院校毕业生占到新增就业人口超过60%，在城市轨道交通、电子商务等快速发展的新兴行业中，新增从业人员有70%以上来自职业院校。

5. 集中展现教育领域的典型经验和先进人物

媒体报道教育改革领域的典型经验和先进人物，来凸显榜样的力量，激励奋进。《人民日报》报道称，复旦大学将试点实施新的"2＋X"本科教学培养方案，在这一培养方案下，学生在大学期间不仅能修读自己心仪的专业课程，还能获得更多的发展路径和选择机会。"2"指的是前两年以通识教育和专业知识夯实学业基础，"X"指的是多元发展。《中国青年报》报道称，近年来，广西壮族自治区党委政府陆续推出"双千计划""广西教育提升三年行动计划"，对广西教育发展的薄弱环节实施攻坚行动，大大改善了农村薄弱学校的办学条件和生活条件。同时高度重视控辍保学工作，按照"一个都不能少"的要求，把控辍保学作为教育脱贫攻坚的重要任务抓好落实。中央电视台《新闻直播间》栏目先后报道了立德树人、敬业奉献的两位先进教师：清华大学车辆与运载学院教授杨殿阁全心科研与教学，为我国智能汽车工业培养了可用之才；南京农业大学农学院教授朱艳是智慧农业领域的设计师，在潜心学术、为农业问诊把脉的同时，也诚心育人，始终将为学生上课放在第一位。央广网报道了大连理工大学王同敏教授的"家国情怀"，王同敏教授带领团队成功研发出合金凝固电磁调控系列专利技术，解决了我国高铁等重大工程中的材料制备难题，助力中国高铁运行时速刷新世界纪录。

(二)教育界反响

全国教育大会在教育战线引发强烈反响。广大师生高度赞誉习近平总书记的讲话以及大会的召开。同时，各教育工作者还结合自身工作实际谈理解、谈感受，并纷纷表示将认真学习贯彻大会精神。

1. 称赞习近平总书记的讲话

中国人民大学校长刘伟表示，习近平总书记在全国教育大会上的重要讲话，高屋建瓴、情真意切，充分肯定了广大教师的重大贡献，明确了其时代重任，指明了未来的努力方向，极大地提振了广大教师和教育工作者的信心，是指导做好新时代教育工作的纲领性文献。

黑龙江省教育厅党组书记、厅长赵国刚称，这次全国教育大会在第 34 个教师节召开，是送给广大教师和教育工作者最特殊的礼物，具有里程碑式的意义和划时代的影响。习近平总书记的重要讲话字字珠玑，是新时代教育改革发展的纲领性文献，我们必须领会透、把握准、运用好。

2. 认真学习贯彻大会精神

清华大学党委书记陈旭指出，习近平总书记在大会上发表重要讲话，对加快推进教育现代化、建设教育强国、办好人民满意的教育做出了全面部署，指明了前进方向，提出了明确要求。我们高校要以时不我待、只争朝夕的奋斗精神和扎实行动，贯彻落实好全国教育大会精神，加快"双一流"建设，实现内涵式发展。

北京市委教育工委副书记、市教委主任刘宇辉说，大会描绘了新时代全面建设教育强国的新蓝图，发出了全面建设教育强国的动员令。北京教育系统要迅速行动起来，深入学习贯彻习近平总书记重要讲话精神，坚持以习近平新时代中国特色社会主义思想为统领，全力以赴推动首都教育改革发展，努力办好人民满意的首都教育。

新疆维吾尔自治区教育厅党组副书记、厅长帕尔哈提·艾孜木称，听了习近平总书记的讲话，我备受鼓舞，深感责任重大。回去后，我们要迅速组织教育系统学习贯彻大会精神，教育引导全区广大教师和教育工作者，坚定理想信念，忠诚于党的教育事业，贯彻党的教育方针。

3. 教育应注重人的全面发展

甘肃兰州城市学院党委书记陈晓龙表示，作为本科院校，学院要把培养德智体美劳全面发展的社会主义建设者和接班人作为使命，把立德树人作为中心环节，教育引导学生坚定理想信念、厚植爱国情怀、加强品德修养、增长知识见识、培养奋斗精神、增强综合素质，自觉肩负起传播知识、传播思想、传播真理，塑造灵魂、塑造生命、塑造新人的时代重任。

中国美术馆馆长吴为山称，习近平总书记提出，要把立德树人融入思想道德教育、文化知识教育、社会实践教育各环节。举办雕塑工作坊等公共教育活动，就是希望充分发挥美育在人的全面发展中培养高尚道德情操和健全人格的重要作用。中国美术馆将搭建好大众美育普及的平台，发挥提升国人审美素养的示范引领作用。

河南信阳师范学院副教授郭立场称，加强劳动教育，学校应建立课程完善、资源丰富、模式多样、机制健全的劳动教育体系，并非要加强脑力类型的劳动，而是要弥补体力劳动的短板，促进理论学习与应用实践的贯通，在劳动中达成教育的目的。

4. 提高教师群体的地位待遇

云南省教育厅厅长周荣说，我们将认真贯彻落实习近平总书记重要讲话精神，统筹实施好乡村教师工资待遇、奖励激励、编制职称等各项政策，让乡村教师既有职业地位，也有社会地位，持续托高"底部教育"。

河北省教育厅厅长杨勇说，习近平总书记在讲话中强调，努力提高教师政治地位、社会地位、职业地位，让广大教师享有应有的社会声望。河北刚刚出台《关于全面深化新时代教师队伍建设改革的实施意见》，重点提出要不断提高教师地位和待遇。今后，我们将紧扣广大教师最关心、最现实的问题，着力提高教师地位和待遇。

北京小学校长李明新称，办好人民满意的教育，首先得培养人民满意的教师。这就需要让全社会都以教师为荣，让更多优秀的年轻人主动投身教师队伍，从而打造一支振奋精神的教师队伍、一支充满活力的教师队伍、一支人才济济的教师队伍。

5. 教书育人是教师的本职工作

中国法学会副会长、中国政法大学黄进教授表示，将师德师风作为评价教师队伍素质的第一标准，着力打造一支在思想上有定力、人格上有魅力、学术上有功力、教学上有活力、实践上有能力的师资队伍。我们的教师要坚持立德树人、教书育人、言传身教，用社会主义核心价值观引领法学教育和法治人才培养。

中国教育科学研究院办公室副主任姜朝晖称，重奖乐教爱教的教师，显然是一种积极导向，目的是让更多教师站稳讲台，热爱讲台，以育人为己任，这也是高教管理和改革的大势所趋，实质上也是一种理性回归。期待更多的高校教师能够安心从教，爱教乐教，并不断创新方式方法，切实提升教育教学质量。

上海财经大学校长蒋传海称，高校教师不管名气多大、荣誉多高，教师是第一身份，教书是第一工作，上课是第一责任。在知识来源无限丰富的信息化时代，学生早已不再满足于课堂上知识的机械传授，这要求教师时时探索和追求新知，以高水平科学研究支撑高质量人才培养。

6. 办好教育需要社会各界合力

云南省少先队总辅导员栾丽华称，少先队事业也要紧紧围绕教育发展的大局。各级团委、少工委要把团教协作、队教协同作为发展少先队事业的重要着力点，切实把少先队与教育事业融为一体，让其相辅相成、相得益彰。

中国青少年研究中心副研究员洪明说，家长是影响孩子成长最多的人。作为家长，一定要发挥好在教育孩子方面具有的情感优势和时空优势，为孩子的成长营造良好的环境，积极配合学校，不断提升自身素质，提高家长教育胜任力，给孩子讲好"人生第一课"。

中国政法大学国家法律援助研究院项目律师武婕说，当下，未成年人保护工作正在全力推进中，司法部门、法律工作者要共同肩负起保护青少年成长的责任。结合实际工作来看，要充分并积极发挥未成年人法律援助和司法救助的作用，为未成年人守好最后一道防线。

三、网民观点

普通网民群体言论积极正面，网民普遍为习近平总书记讲话点赞，肯定教育是党之大计、国之大计，祝愿全国教师节日快乐。部分网民呼吁全社会弘扬尊师重教的优良传统，注重提高学生的综合素质，德智体美劳全面发展。另有部分网民关注乡村教育、学生减负等其他话题(图 2-1-3)。

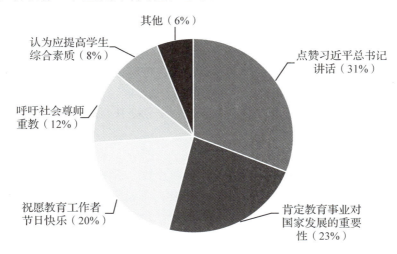

图 2-1-3　网民观点分布图(抽样：500 条)

1. 点赞习近平总书记讲话

网民"炎火森"：教育是百年大计，必须搞好！为英明的习主席点赞！

网民"幸福"：英明领袖习近平，尊师重教方向明。强国教育是根基，民族复兴有保证。

网民"高山之巅"：尊师重教是国之良好风气，在习主席的关心下祖国教育事业会更加光辉灿烂。

网民"郑淑美"：人民的好领袖，心系教师，重视教育，领航中国，引领世界。

2. 肯定教育事业对国家发展的重要性

网民"矜持小女孩儿"：百年大计，教育为先。教育是国之大计、党之大计。

网民"吉星高照"：教育兴则人才兴，人才兴则科技兴，科技兴则国家兴，所以教育直接关系到国家的兴衰。

网民"都市牧者"：教师是立国之基础，人才的摇篮，加强教育事业发展，国家才会强盛。

3. 祝愿教育工作者节日快乐

网民"翱翔"：教师是祖国辛勤的园丁，培育祖国的未来，祝全体教育工作者节日快乐！

网民"寒露秋韵"：向全国所有的教育工作者致敬，并祝你们节日快乐！因为有你们辛勤的付出，我们的国家才得以人才辈出。

网民"刘宸希"：祝教师节日快乐，呕心沥血，默默奉献，你们辛苦了！向教师致敬！

4. 呼吁社会尊师重教

网民"黄黄"：尊师重教是中华民族的光荣传统，现代社会应该大力提倡。

网民"阳光雨露"：大力弘扬尊师重教的优良传统，让教师们更好地为教育事业做出更多更大的贡献。

网民"亮光"：教师是人类灵魂的工程师，全党全社会要弘扬尊师重教的社会风尚。

5. 认为应提高学生的综合素质

网民"逆流而上"：片面性强调教学质量和分数，不仅不会提升学生成绩，反而适得其反，让某些学生产生厌学症、恐惧症。不论采取怎样的教育方法策略，最重要的是要让学生踏入社会能吃苦、会做人、会做事、有作为、有担当，做社会有用的人才。

网民"天道酬勤"：教育需因人而异，培养德智体美劳全面发展的学生，唯分数论、唯升学率论应该废止了。

网民"爱吐泡泡"：教书育人现在只教书了，没有育人。育人还是要以德为本，坚持立德树人。

6. 其他

网民"山城"：重视农村教育，关心农村教师。

网民"飞鸟"：改变中国教育目前的问题，最迫切的问题就是要使基础教育资源均衡化，最大限度消除择校现象，切实减少孩子的课业负担。

网民"巡山的小仙"：教育部应该禁止老师通过微信给家长"加餐"，孩子作业太多了！

四、舆情应对点评

全国教育大会召开期间，舆论反响积极热烈。大会宣传报道不仅持续时间长，而且也呈现出了全方位、立体化的格局，具体而言，主要表现在以下几个方面。

(一)全国教育大会获媒体高度关注，全网舆论反响积极热烈

此次全国教育大会，规格颇高，自然受到《人民日报》、新华社、中央电视台、《求是》、《光明日报》、《中国教育报》等中央媒体的超高关注，有力壮大了大会的舆论影响力。其中，《人民日报》在头版以超半版的篇幅报道了会议召开的消息，新华社通稿内容超 4 000 字；中央电视台《新闻联播》栏目头条报道会议召开的消息用时 18 分钟。此外，《新京报》、澎湃新闻、《南方都市报》等市场化媒体积极参与报道，腾讯网、网易网、凤凰网等商业网站也在首页或首屏重要位置转载了会议报道，提高了消息的覆盖面和到达率。在新媒体舆论场，教育部新闻办公室官方微博@微言教育开设的大会话题"新时代@教育"阅读量超 2 000 万次，@人民日报开设的话题♯全国教育大会♯阅读量超 500 万次；微信公众号"人民日报""新华社""央视新闻"推送的会议报道《习近平：教育是国之大计、党之大计》《习近平出席全国教育大会并发表重要讲话》《习近平在全国教育大会上发表重要讲话：让广大教师享有应有的社会声望》阅读量均实现"10 万＋"。

(二)会前充分预热、会中集中报道、会后延伸解读，拉长舆论宣传周期

此次大会宣传周期较长，包括会前预热、会中报道、会后解读三个阶段，在舆论场形成了强大的教育正能量。在大会召开前夕，《人民日报》、新华社、《中国青年报》刊发《党的十八大以来我国教育事业改革发展成就综述》《立心铸魂兴伟业——以习近平同志为核心的党中央情系教育事业发展》《甘肃教育扶贫：多点花开结硕果》等预热文章，集中展现了党的十八大以来教育事业取得的重要发展成就，以及各地典型经验和涌现出的榜样人物，为大会召开铺垫了良好的舆论氛围。在大会召开时，全国各级媒体从多角度报道会议召开的消息以及习近平总书记的讲话，同时，第一时间传递了广大教育工作者对习近平讲话的积极反馈，以及大会引发的强烈社会反响，进一步营造了正面积极的舆论环境。在大会召开后，舆论热潮并未戛然而止，而是掀起了主流媒体解读和各级党政机关的学习热潮。《人民日报》《光明日报》《中国教育报》等主流媒体陆续刊发评论文章对习近平

总书记提出的重要论断进行解读，充分释放了讲话的内在价值；教育部、国防部、公安部等各部门也纷纷传达了学习贯彻大会精神的要求，延长了大会的宣传报道周期。

（三）打造融媒体作品进行"花样"传播，实现入脑入心的宣传效果

为做好全国教育大会宣传工作，主流媒体、教育系统官微纷纷打造图解、视频快闪H5等融媒体作品进行"花样"传播，将信息进行直观化和轻悦化呈现，丰富了网民的阅读体验，降低了阅读门槛，有助于实现入脑入心的传播效果。在图解新闻方面，人民网推出《习近平全国教育大会重要讲话金句速览》、微信公众号"微言教育"推出《掷地有声！习近平总书记在全国教育大会20大金句》《划重点！做好新时代教育工作，习近平总书记提出这些新要求》，在全网获得广泛转发和扩散，方便网民直取重点干货、把握主旨精神。在视频方面，微信公众号"微言教育"制作了《航拍大片！一起"瞰"全国教育大会》，视频恢宏大气、气势如虹，在以航拍视角展现多种教学场景和秀美校园环境的同时，也将习近平总书记的"金句"在画面中一一展现，既直观展现了我国现代化教育成就，也为网民打造了"情景交融"的阅读体验。此外，西安交通大学、南京航空航天大学等高校也巧妙利用了快闪H5、动漫视频等表现方式，来方便在校师生学习"金句"、领会大会精神，实现寓教于乐的效果。

狠抓新时代全国高校本科教育获好评——教育部部署加快建设高水平本科教育网络舆情案例分析

【总述】教育部部署加快建设高水平本科教育工作，并对各地各高校适时开展督导检查，敦促其贯彻落实，受到舆论广泛好评。华中科技大学、中国科学院大学等知名高校认真领会新时代全国高等学校本科教育工作会议精神，通过"本转专""对学术抄袭行为采取'零容忍'态度"等措施努力提升本科教育水平，引发舆论热议。舆论在积极肯定教育部门及高校在提升本科教育质量方面取得阶段性成效的同时，也积极建言教育部门及高校主动适应国家战略发展新需求和世界高等教育发展新趋势，把本科教育放在人才培养的核心地位；科学全面构建教育评价体系，对现有不同教学阶段评价机制宽松不一进行纠偏；重视教师增量投入，建构与新时代相匹配的教师教育体系；完善教师评价制度，激发教师教学活力；杜绝"水课"，强化课程考核，培养大学生自主学习能力等。此外，舆论场中仍然存在质疑高校"本转专"做法过于严苛、全面取消"清考"过于"一刀切"、一票否决制的考核体系设置不符合实际教学情况等少许杂音，给教育部门在推动和落实建设高水平本科教育营造良好舆论氛围的同时带来潜在舆情风险。文章特选取该案

例，就如何做好政策发布解读释疑及舆论引导提出些许建议。

一、舆情概述

（一）事件概述

2018 年 6 月 21 日，教育部召开新时代全国高等学校本科教育工作会议。会议强调，要深入学习贯彻习近平新时代中国特色社会主义思想和党的十九大精神，全面贯彻落实习近平总书记 5 月 2 日在北京大学师生座谈会上重要讲话精神，坚持"以本为本"，推进"四个回归"，加快建设高水平本科教育、全面提高人才培养能力，造就堪当民族复兴大任的时代新人。

8 月 22 日，教育部发布《关于狠抓新时代全国高等学校本科教育工作会议精神落实的通知》，要求组织开展教育思想大讨论、抓紧制定专项行动计划等，教育部将对各地各高校贯彻落实情况适时开展督导检查。

9 月 17 日，教育部发布《关于加快建设高水平本科教育全面提高人才培养能力的意见》（以下简称"新时代高教 40 条"），提出建设高水平本科教育的重要意义、形势要求等 40 条具体意见。教育部部署加快建设高水平本科教育引发舆论热议。

12 月 20 日，《中国教育报》刊发《2018 全国高等教育满意度调查报告》，全国高等教育满意度指数得分全面提升。

（二）舆情特征

据舆情监测系统数据显示，截至 2018 年 12 月 23 日，相关网媒 30 613 篇，报刊 1 161 篇，论坛 2 230 篇，博客 853 篇，微博 439 条，微信 42 622 篇，App 客户端 21 622 篇，视频 28 条。其中微信、网媒和 App 客户端三类平台的比重分列前三位，占比分别约为 42.80％、30.74％、21.72％（图 2-2-1）。舆论主要聚焦教育部关于加快建设高水平本科教育的相关工作部署，以及热议华中科技大学 18 人因学分不达标本科转专科等高校改革措施，并针对性地提出要解决本科教育长期存在的沉疴，亟待出台配套举措，确保提升本科教育质量见实效。

如图 2-2-2 所示，从舆情走势图来看，监测区间段（6 月 21 日—12 月 23 日）内，共出现四次舆情峰值。教育部 6 月 21 日召开新时代全国高等学校本科教育工作会议，引发第一次舆论热议高潮。教育部 8 月 22 日发布《关于狠抓新时代全国高等学校本科教育工作会议精神落实的通知》，9 月 17 日发布"新时代高教 40 条"，落实会议精神的相关文件及具体意见正式发布引起第二次舆论高潮。媒体 10 月 11 日报道，华中科技大学 2018 年有 18 名学生因学分不达标从本科转为专科，其中 11 人已在 6 月按专科毕业。由此引发第三次舆论热议。高校采取高压考核措施来提升本科教育质量，获得官方肯定，舆论认为"严进严出"的高校教育方式势在必行,华中科技大学的做法值得其他高校借鉴和参考。各高校认真贯彻落实新时代全国高等学校本科教育工作会议要求,加强组织领导、理顺体制机制、深化综合改革,着力提升本科教育质量。四川大学、武汉大学、中南大学、华东师范大学、贵州大学等高校聚焦本科人才培养,多措并举提升本科教育水平,取得阶段性成效。12月中下旬,教育部将相关经验做法予以编发,媒体聚焦报道,形成监测区段内最后一次关注高峰。

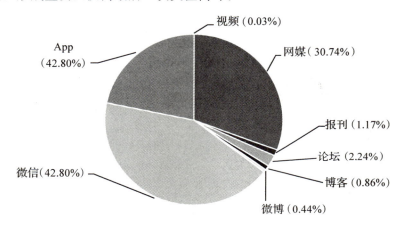

图 2-2-1　各媒介分布图

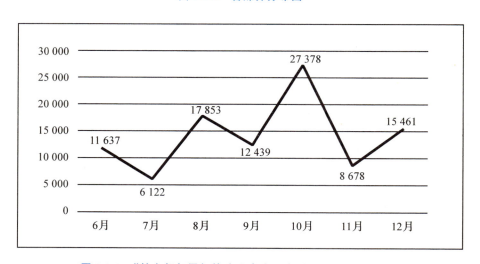

图 2-2-2　"教育部部署加快建设高水平本科教育"舆情走势图

二、舆论反馈

（一）媒体观点解析

1. "新时代高教 40 条"助力高水平本科教育，"四个回归"是本科教育的"定盘星"

《中国教育报》评论称，进入新时代以来，高等教育发展取得了历史性成就，高等教育综合改革全面推进，高校办学更加聚焦人才培养，立德树人成效显著。但人才培养的中心地位和本科教学的基础地位还不够巩固，一些学校领导精力、教师精力、学生精力、资源投入仍不到位，教育理念仍相对滞后，评价标准和政策机制导向仍不够聚焦。"新时代高教 40 条"要求，高校必须主动适应国家战略发展新需求和世界高等教育发展新趋势，牢牢抓住全面提高人才培养能力这个核心点，把本科教育放在人才培养的核心地位、教育教学的基础地位、新时代教育发展的前沿地位，将对振兴本科教育，形成高水平人才培养体系起到极大的助力作用。此外，推进"回归常识""回归本分""回归初心"和"回归梦想"，有助于深化人才培养模式改革，推进教育治理体系和治理能力现代化，努力提供公平、优质、高效的教育。

2. "严进宽出"是大学学风问题，中学和大学现有教学机制需双向纠偏

《光明日报》指出，"严进宽出"这种情况的产生，归结起来，就是学风在发生变化。我国高等教育规模在短时间内急剧扩张，迅速跨入国际标准所界定的"大众化"阶段。但客观上由于师资队伍整体水平、仪器设施、课程教学方式等无法相应地进行切实提升和有效跟进，大学在人才培养上面临着"批量生产"的诸多问题，教育质量的相对下降和就业压力的陡然增加，更导致一部分大学生陷入失落和迷茫。而社会变化的日新月异、价值观的日益多元，更诱使一部分学生和教师放弃了原有的理想和操守，大学精神面临弱化的危机。《工人日报》表示，"玩命的中学、快乐的大学"需要进行双向纠偏。区域之间、城乡之间教育资源的失衡，让"出身越底层，上的学校越差，找的工作越差"的"下沉旋螺"成为一些地方的一种尴尬现实。不论是改革高考招考制度，还是对农村学生进行"弱势补偿"，抑或通过教育信息化等多种手段促进教育均衡，只有让规则公平得到守卫，让教育评价体系更加科学、全面，"玩命的中学、快乐的大学"才会得到改观。

3. 高水平教学需要教师增量投入，建构与新时代相匹配的教师教育体系

《中国教育报》认为，高水平教学需要教师情感、精力和时间的全面投入。在绝对和相对两个方面做大"增量"，不仅要在教学上加大绝对总量投入，而且更要大幅度提升教学占教师总投入的比例。此外，还需要教师在教学目标、内容、对象和方法上加大投入。全面落实新时代全国高等学校本科教育工作会议精神，亟待高校教师坚持教书与育人相统一、言传与身教相统一、潜心问道与关注社会相

统一、学术自由与学术规范相统一，以全面、更大和持续的投入支撑高水平教学，全心全意做学生锤炼品格、学习知识、创新思维、奉献祖国的引路人。《光明日报》认为，"四级三轨"教师教育体系为中国基础教育培养了大量合格的教师，但为了满足"努力建设一支高素质专业化创新型教师队伍"的目标，必须解决新时代中国教师教育体系尚存的问题。为此建议通过建构中国一流大学的教师教育体系，专门、独立的幼儿园和小学教师教育体系，区县教师教育体系和"互联网＋"教师教育体系等途径来建构新时代中国教师教育体系。

4. 大学生合理"增负"才能行稳致远，"增负"需完善评教制度和培养大学生自主学习能力

《燕赵晚报》评论称，大学生合理"增负"势在必行，既要看到"增负"，也要看到"合理"。"增负"既不是简单复制高中教育模式，也不是不区别学科情况，笼统提出做加法。"增负"的目的，是"振兴本科教育"，是培养合格学生。因此，必须准确把握"合理"，尊重教育科学，从学科实际出发，真正体现高质量的要求。《中国青年报》认为，在全社会聚焦大学生"增负"问题的时候，认真总结和反思大学评教制度的利弊显得尤其必要和亟须。在去行政化依然任重道远的前提下，高校内的教务系统和行政管理系统在自我扩权的驱使下，往往会不断延展评教的内涵，使其边界和使命越来越模糊，最终将评教制度演化成管理教师利益分配的手段，对高校教育生态造成伤害。异化后的评教制度被解构成简单、赤裸的知识贩卖关系，充满利益交换和精致算计，也让教师的授课动力和教学理念变得均质和扁平起来，并在潜移默化中慢慢失去专业激情和创新动力。荆楚网也表达了相同的观点，刊文指出，提高本科教育质量的关键在于，从源头上下功夫，必须让现有的对高校和教师的评价体系朝着更有利于教学的方面倾斜，这需要对评价体系动一次手术，以平衡好教学与科研的关系，不可偏废任何一方。《中国教育报》则认为，部分大学生在进入大学后，在教师和家长监督相对弱化且没有升学压力的情况下，自主学习能力不断下降。因此，适度给大学生"增负"必须弥补他们入学前在自主学习能力上的短板。具体而言，直接开展自主学习能力培训，帮助和引导其转变认知思维和觉知当下，以积极乐观的状态进行自主学习。

5. 杜绝大学"水课"，让严格课程教学成常态

《科技日报》评论称，教育部近日发布的"新时代高教40条"，全文多次出现"振兴本科"。文件要求狠抓本科教学，全面整顿教育教学秩序，淘汰"水课"，打造"金课"。文件建议淘汰"水课"，除开课环节要严格把关、精心设计外，还要建立课程监督、评价和退出机制。学校完善教师考核评价办法，突出教学工作在教师评价中的地位，对部分多年潜心教学、无私奉献、教学成果突出的教师，不再苛求其科研能力，打通教学型教授的晋升通道，激发高校教师的教学热情。《北

京青年报》指出,"水课"无益于学生接受完整而高质量的大学教育,没有给社会输送高质量的人才。要杜绝大学"水课",既需要大学改革对教师的考核评价体系,引导教师投入教学,争做良师、严师,还需要消除功利教育观。严格培养质量要求,我国大学才能进入新的以质量为导向的时代。从目前的课程教育质量抓起,下一步还要扩大学校自主权,优化课程设置,开设更多"金课"给学生选择,这样才能全面提高大学教育质量。

6. 本科教育提质,倒逼大学生就业率急需"打假"

《南京日报》认为,高校追求就业率导致对大学生毕业门槛有意无意地降低,"被就业"现象十分普遍说明高校就业率掺水的情况严重。如果无法造假或造假成本极高,高校就只能"走正道"去提高就业率,在教学质量和教学秩序上下功夫。从"放管服"的角度来说,教育行政部门最不能"放"的就是高校应届毕业生就业率统计,以其现实压力倒逼高校"动起来"。

(二) 网民观点

网民对教育部部署加快建设高水平本科教育给予高度关注,学生、教育工作者以及其他教育领域相关人士纷纷对此发表看法。网民评论中支持赞同的声音居多,其中,近三成的网民表达了对教育部加快建设高水平本科教育的赞同;超两成网民表示支持本科教育"宽进严出",认为这样才能切实提高本科教育质量;近两成网民认为有必要清除高校课程中的"水课";超一成网民认为先行的考核标准过于"一刀切",应该建立综合的考核机制;还有一成网民认为,高校的专业设置应充分考虑社会需求,这样才能培养出社会需要的人才(图 2-2-3)。

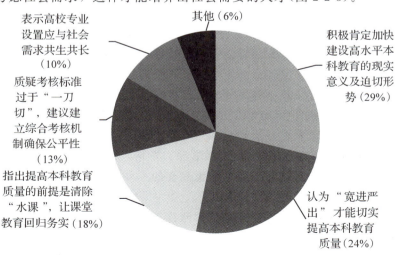

表示高校专业设置应与社会需求共生共长(10%)

质疑考核标准过于"一刀切",建议建立综合考核机制确保公平性(13%)

指出提高本科教育质量的前提是清除"水课",让课堂教育回归务实(18%)

其他(6%)

积极肯定加快建设高水平本科教育的现实意义及迫切形势(29%)

认为"宽进严出"才能切实提高本科教育质量(24%)

图 2-2-3　网民观点分布图(抽样:500 条)

1. 积极肯定加快建设高水平本科教育的现实意义及迫切形势

网民"漫步云端206381475"：必须为教育部点赞。早该如此，我们的本科教育一直以来存在大大小小诸多弊端，需要强有力的政策来予以改变，提高教育水平，为社会输出更多的人才。

网民"俊博L"：抓好教育是强国之道，国家的强大少不了人才，我非常支持教育部为加快建设高水平本科教育的措施，有助于落实本科的教育使命，培养合格的人才。

网民"全民好友马雷达"：目前来看，本科教育存在许多问题，"新时代高教40条"来得很及时，有助于解决本科教育存在的一系列问题。

网民"静水流深1881"：现在社会各个行业都需要高质量的人才，急需提高本科教育的水平，向社会提供各行业精英。

2. 认为"宽进严出"才能切实提高本科教育质量

网民"有时会有那么点不开心"：宽进严出，才是正路。宽进严出符合教育的目的，即培养合格人才。宽进可以给更多人受教育的机会，降低一部分学生考大学的压力；严出可以给学生施加一点压力，保障教学质量，交给社会一个合格的大学生。

网民"格律4"：宽进是普及，严出是规则。宽进，是让大家有大学同等水平；严出，督促教师更加努力教学，学生更加努力学习，有助于提高大学教育的水平和质量。

网民"浩然之士"：支持"宽进严出"，淘汰"混"大学的老师和学生，留下真正愿意教学、愿意学习的人。

3. 指出提高本科教育质量的前提是清除"水课"，让课堂教育回归务实

网民"森下悦"：把"水课"清除，把专业课学实、学深、学透，毕业后才能把理论变实践。

网民"菩提162187556"：淘汰"水课"可以解放大学生的精力，把有限的时间投入到有用的知识当中，留给学生足够的时间去研究专业知识，这才是教育的本质。

网民"一个有内涵的专家"：专业课学深、学精，这不仅对学生是一种解脱，还能更加专注培养专业性人才，是对国家社会的一种贡献，高校教育是时候整顿一下了。

网民"惊叹号44662746"：支持取消"水课"，而且学校要积极应对，培养计划、教材、教师、课程设计要重新涉及规划，做到将正确的教育思想真正落地。

4. 质疑考核标准过于"一刀切"，建议建立综合考核机制确保公平性

网民"大熊252213451"：我认为，应该建立更加科学的考核机制，建立一个

能够全面考核学生知识与能力水平的考核体系。现在的考核，一个期末考试决定所有，是不全面、不科学的，应当改进。

网民"笑口常开91197982"：应该注重专业技术人才的专业性、技术性、实践性、创造性，突出对创新能力的评价，从多个角度、多个维度进行考核，先行的考核标准有些"一刀切"，应该建立更加综合、全面的考核机制。

网民"神笔芝麻"：对于学生的考核应该是多方面、全方位的考核。现在的考核标准过于简单，建议建立综合的考核机制，将社会对人才的要求纳入考核标准当中，并且考核标准要更加人性化，不埋没任何人才。

网民"夏天2298"：期末考试、平时表现、创新能力、实践能力……都应纳入考核标准，具体的考核办法也应该更具有机动性，应该建立能够真正检验学习结果的考核机制，现在的考核办法有待提高。

5. 表示高校专业设置应与社会需求共生共长

网民"空兴茶762"：大学的课程应该去掉很多与专业关系很小的基础课，多增加社会实践课。应该在大二时，进行一次实习，让学生带着问题回来接着上课。大四时，再去实习，为进入社会做准备，培养出适应社会需求的人才。

网民"旺年真有"：大学是学专业的，为就业铺路的，大一上的非专业基础课都是水课，早该拿掉，要多考虑社会需求，减少大学学时，专科二年、本科三年毕业，高校利用大学的时间培养适应社会的学生。

网民"为好优姐姐"：任何专业设置背后都应是真实的社会需求。大学开设一个专业，必然是因为这个专业所代表的行业需要人才。这样，才能培养出社会需要的人才，同时也让人才在毕业后能够有用武之地。

网民"帕米尔骆驼"：读书要实际些，上有用的学，读有用的书。很多一本、二本院校专业设置重复，社会根本无需求，造成巨大的资源浪费。专业设置应该充分考虑社会需求，这样对学校、学生、社会都有好处。

6. 其他

网民"cupler"：无论在什么时候，什么地方都要彰显"付出才能得到"这一硬道理，而不是进了大学就可以"坐收渔利"。我们的大学真的该到了好好整顿的时候了。

网民"胡胡"：大学最落后的地方就是不能自由选择专业。如果放开可以自由选择，对我们的教育绝对是最大的好事，对国家和孩子都是利好。很多孩子选择的专业都是受家长功利心的影响，以及受校方的名额有限，最终不能选择自己最爱的专业，埋没了人才。

网民"孩子欢乐多"：对于现在大学存在的问题，老师和学生都有责任。确实有学生不想学，但也有想学的学生，并且现在老师教的着实提不起学生的兴趣，学校培养方案也不合理，想学的无门，不想学的也不会挂。

三、舆论热议背后机理探析

(一)近年来高校本科教育质量被诟病，"严进宽出"现象引发社会深思

首先，随着高等教育规模的不断扩大，中国作为一个教育大国正在迅速崛起。然而，大规模的扩招造成了教育资源的捉襟见肘，对教育质量的提高带来了挑战。其次，我国的高校教师评价体系过于集中在教育教学有效性上，其中科研成果是最为看重的考核指标，导致教师分身乏术，投入到教学的精力被稀释，因此教学质量得不到保证。再次，为防止大学扩招背景下教师课堂教学质量的下滑而设计的大学生评教制度，在多种综合因素的影响下产生了诸如为博取学生"好感"而降低教学考核标准等负面效应。此外，部分大学生缺乏自主学习能力，他们在初高中阶段已经习惯单向"灌输式"教育方式，加之学习压力骤然下降，放松了对自己的要求。最后，高校在大学生就业率高压下，对学生的毕业考核也降低了标准。上述原因导致高校本科教育质量近年来被广泛诟病，国家关于加快建设高水平本科教育的决策部署，使舆论对于扭转高校"严进宽出"现象充满期待，因此引起广泛热议。

(二)切实提高课程教学质量，"水课"脱水符合舆论期待

高校一些缺乏实际价值、老师疲于教学糊弄了事以及为盲目迎合市场而设置的热门专业，使教学质量难以保证。这种"水课"现象由来已久，引发社会深思，舆论迫切希望杜绝"水课"，切实提高课程教学质量。"新时代高教 40 条"要求狠抓本科教学，全面整顿教育教学秩序，淘汰"水课"，打造"金课"。舆论在肯定相关文件出台的必要性和迫切性的同时，还积极建言进行相关改革，出台配套措施，保障课程教学质量提升行稳致远。例如，教育学者、21 世纪教育研究院副院长熊丙奇认为，要杜绝大学"水课"，既需要大学改革对教师的考核评价体系，还需要消除功利教育观。要治理大学"水课"问题，就必须对包括必修课、选修课在内的所有课程都严格要求，对课程论文(作业)的抄袭、弄虚作假问题坚决地说"不"。中国网评论员殷建光从具体改革措施方面积极建言，认为杜绝"水课"，需着手减少缺乏实际价值的课程、精确设计通识课程体系、教学质量纳入教师职称考评体系、加强教师学术素养、设立学生匿名打分机制、评分结果与教师工资绩效挂钩等改革。

(三)高校纷纷亮"铁腕"，狠抓高校本科教育的雷霆之势提振舆论信心

华中科技大学 18 人因学分不达标本科转专科、川北医学院 2018 年有 83 名学生未能正常毕业等事件引发社会广泛关注。教育部相关负责人对华中科技大学此举给予肯定，此意表明，但凡不违背法律法规，那么无论是采取"本转专"还是

以其他形式来倒逼本科教学质量，都应被允许，且应当被鼓励。事实上，类似表态，与近来主管部门关于"高校合理增负""大学严进严出"的一系列论调一脉相承。华中科技大学"本转专"获官方认可，激励着更多学校放心大胆地进行制度创新，从而在各自语境下真正实现学生的严进严出。如中国科学院大学副教授苏湛给22名期末论文抄袭的学生0分，中国科学院大学校教务部表态对此举表示坚决支持、充分肯定；云南大学已经将"严进严出"纳入日常管理的点点滴滴，要求学生平均分必须达到70分才能拿到学位证；复旦大学开设荣誉项目课程，进一步激活校园学术氛围，支持和鼓励国际交流让学生站得更高，看得更远，构建多维育人空间，打造本科教育全链条；中国人民公安大学启动实战化教学督导，强化本科教育质量。自上而下狠抓高校本科教育的雷霆之势，让舆论看到本科教育质量提升的希望，也受到舆论的广泛肯定。

四、舆论引导建议

目前，舆论对于教育部狠抓全国高校本科教育的整体评价基调以正面积极为主，正能量充盈，认为是切实提高本科教育质量的科学举措。但是，舆论场中仍然充斥着少许杂音，主要表现在：一是媒体在报道高校教育改革举措时，不自觉地重点突出"本转专"等易引起社会热议的敏感词，导致部分舆论质疑高校做法过于严苛；二是认为全面取消"清考"过于"一刀切"，一票否决制的考核体系设置不符合实际教学情况；三是舆论在肯定教育部编发部分高校相关经验做法供其他高校借鉴学习的同时，希望能够加大媒体报道力度，让舆论针对这些经验做法进行充分讨论，不断完善和丰富，使其形成可供推广和移植的典型经验。

（一）引导舆论理性看待"本转专"等高校教育改革做法

本科与专科的学历具有不同的含金量，"本转专"不可避免会给大学生本人及其家人带来较大的心理落差与相对剥夺感。对此，有部分人担心此举太严，容易引起学生紧张，增加学生学习压力，建议教育部门借助媒体及专家学者资源优势，组织媒体采访团深入学校实地采访报道部分高校在"本转专"方面取得的初步成效，联系专家学者举办相关主题的论坛、讲座等，对"本转专"等易引起社会热议的做法进行解读释疑，让舆论理性看待"本转专"只是为了鞭策和监督大学生合理规划大学学习生活，敦促其提升自我能力。同时，教育部门应考虑从根本上消除社会存在的学历情结和学历歧视。例如，教育学者熊丙奇建议，推进大学自主招生，建立起自由的校际转学、流通制度等，让社会不再有"专升本""本降专"的说法。此外，教育部门在长期教育工作宣导过程中，也应注重引导社会公众形成"专科和本科只是培养人才的方向不同，便于帮助大学生找到真正适合自己发展的方向"这一基本认知，让舆论形成"本转专"只是尝试按照学生的学业基础差异、学习能力差异与个性需求差异，探索分流培养、分类成才的学籍管理机制的共识，为高校本科教育改革、推动本科教育质量提升营造出良好的舆论氛围。

(二)深化学生考核机制等综合改革纾解公共舆论焦虑情绪

取消"清考"，建立淘汰制，使少数学生面临因多门课程挂科被学校淘汰的现实困境，舆论担心单一考核机制可能存在潜在舆情风险。建议教育部门统筹或指导高校结合实际情况调整考核机制，提高大学生自主学习能力，切实建设高水平本科教育。此外，还需注意到，给大学生"增负"只是手段，不是最终目的。改革大学本科教育，最终是为了提高高校育人成才的效率，因此要从高校内部激发本身的创新活力。比如，严打目前部分高校"就业率"掺水的问题，倒逼高校在教学质量和教学秩序上下功夫，通过提升本科教育质量去拉升就业率，避免舆论将提升本科教育质量的重担全压在学生群体身上。

(三)借助权威背书宣传推广高校典型经验争取舆论认同

教育部编发部分高校相关经验做法获得舆论认同，但也有部分声音质疑少数高校做法是否经得起时间检验、是否适合更大范围推广。如果不弥合这种对于典型经验存在不同看法的裂痕，任其充斥舆论场，不仅会影响"加快建设高水平本科教育、全面提高人才培养能力"的大局，也会让其他高校心存疑虑而采取观望的态度。建议教育部门发挥媒体资源优势，组织采访团对高校提升本科教育水平的典型经验和初步成效进行深度报道，让舆论场充分讨论和建言，"越辩越明"，使个体典型做法不断完善和升级；亦可邀请专家学者、高校本科教育改革负责人等参与座谈，探讨如何使其成为供推广和移植的共性经验，同时提醒各高校注重结合自身情况，不僵化照搬。借助权威背书宣传推广，使该机制逐渐成熟并可操作，自然会与主流舆论达成共识。

破除减负顽疾，探究教育公平——中小学减负教育专题网络舆情案例分析

【总述】学生减负是近年来舆论关注的焦点话题。教育主管部门一直对学生减负给予高度关切。2018 年 2 月，教育部等四部门下发《关于切实减轻中小学生课外负担开展校外培训机构专项治理行动的通知》。2018 年 12 月，教育部等九部门下发《关于印发中小学生减负措施的通知》，被称为史上最严减负令（"减负三十条"）。2019 年全国两会上，教育部部长陈宝生强调要进一步减轻中小学生负担，"减负难，减负难，减负再难也要减"，并提出要整顿线上培训机构。一方面，表明教育主管部门对学生减负的高度重视；另一方面，也说明减负工作推进难度

大，需要多方发力、综合整治。

教育是民生之基、国之根本。从校外培训机构整治到破解"三点半难题"再到幼儿园"小学化"专项治理，教育部门一系列重拳实招让群众看到教育部门的积极作为。同时也应看到破除减负顽疾、探究教育公平需要做很多工作。例如，校外培训机构整治，一方面，从需求端考量，提高学校教育的质量，减少家长对校外补课的需求；另一方面，从供给端考量，补足校外培训机构，充分发挥市场机制的调节作用。再如，破解"三点半难题"，从思想层面要以教育公平为理念，明确其性质定位；在制度层面形成以政府担当为主导，以公立学校为主体，支持校外机构发展，社会成员广泛参与的多元治理体系。幼儿园"小学化"专项治理方面，首先要搞清楚家长们的所思所想，然后"对症下药"。另外，还应把早教培训机构也纳入治理范畴，才能让治理真正严肃起来，此外还应对超前教育进行综合治理，以维护我国基础教育秩序。

教育改革需要抓住"牛鼻子"，回应民生关切，满足人民期待，实现更加公平而有质量的教育。我们选择中小学减负教育专题进行分析以期为教育部门提供建议，为教育改革添砖加瓦。

一、舆情概述

（一）舆情背景

2018 年两会期间，教育部部长陈宝生在"部长通道"就人民热切关注的教育问题接受媒体采访。他提到，"三点半现象"之所以会成为社会关注的难题，这是我国教育改革和经济发展过程中不协调的产物，既是成长中的烦恼，也是发展中的困扰。

近年来，我国幼儿园保育教育水平不断提高，但一些幼儿园违背幼儿身心发展规律和认知特点，提前教授小学内容，强化知识技能训练，"小学化"倾向比较严重。2018 年 7 月，教育部印发《关于开展幼儿园"小学化"专项治理工作的通知》明确，对于幼儿园提前教授汉语拼音、识字、计算、英语等小学课程内容的，要坚决予以禁止；小学在招生入学中面向幼儿组织测试等行为的，将视具体情节追究校长和有关教师的责任。

2018 年 2 月，教育部办公厅等四部门联合发布《关于切实减轻中小学生课外负担开展校外培训机构专项治理行动的通知》。这一治理校外培训机构的新政，力度堪称"史上最严"，其中不少举措是首次提出。

（二）传播概况

"校外培训机构整治"备受舆论关注。据舆情数据统计，从 2 月 1 日至 12 月 23 日，相关网络新闻达到 58 931 篇，报刊 4 913 篇，论坛 5 211 篇，博客 894 篇，微博 3 536 条，微信 30 022 条，App 633 条。其中，网络新闻、微信、论坛三类平台的占比比重位居前三，占比分别约为 56.59％、28.83％、5.00％（图 2-3-1）。

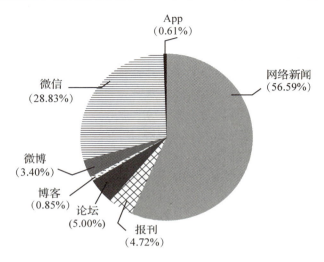

App
（0.61%）

网络新闻
（56.59%）

微信
（28.83%）

微博
（3.40%）

博客
（0.85%）

论坛
（5.00%）

报刊
（4.72%）

图 2-3-1　"校外培训机构整治"各媒介分布图

2018 年 2 月，教育部等四部门联合印发《关于切实减轻中小学生课外负担开展校外培训机构专项治理行动的通知》。新华社、人民网、新华网、中新网等多家中央级媒体纷纷刊文报道，舆情热度达到第一次峰值。

8 月 23 日，教育部召开发布会，就日前国务院办公厅印发的《关于规范校外培训机构发展的意见》进行解释。此次发布会吸引了《人民日报》、中央电视台、《光明日报》、《经济日报》、人民网、新华网等多家主流媒体关注的目光。舆情热度达到第二次峰值。

12 月 13 日，在教育部举行的新闻发布会上，教育部基础教育司司长吕玉刚表示，截至 12 月 12 日，全国共摸排 40 万所校外培训机构，发现存在问题机构 27.3 万所，现已整改 24.8 万所，整改完成率达到 90％。舆情热度再次小幅上升。

"教育部门破解'三点半难题'"引发各界关注。据舆情数据统计，从 3 月 1 日至 12 月 23 日，相关网络新闻达到 8 143 篇，报刊 569 篇，论坛 788 篇，博客 211 篇，微博 172 条，微信 2 855 条，App 3 682 条。其中，网络新闻、App、微信三类平台的占比比重位居前三，占比分别约为 49.59％、22.42％、17.39％（图 2-3-2、图 2-3-3）。

2018 年两会期间，教育部部长陈宝生在"部长通道"就人民热切关注的教育问题接受媒体采访。如何破解"三点半难题"成为舆论热议话题，人民网、新华网、央视网、中新网等多家中央级媒体进行了报道，舆情热度达到顶峰。之后舆情热度曲线呈波状，8月底，光明日报刊文《"三点半难题"能否破是人民满意的打分点》引发关注，各地积极采取有效措施形成了破解"课后三点半"问题的有效经验也被媒体关注报道。舆情热度在12月底再次升温(图2-3-4)。

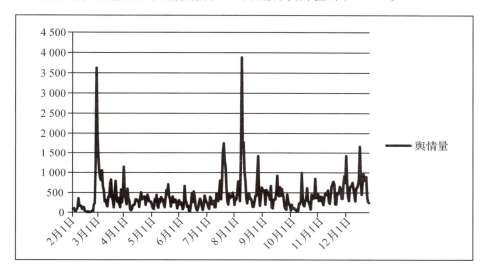

图 2-3-2　"校外培训机构整治"舆情走势图

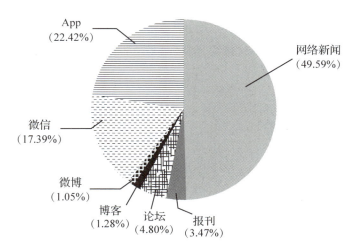

图 2-3-3　"教育部门破解'三点半难题'"各媒介分布图

　　"教育部开展幼儿园'小学化'专项治理工作"引发各界关注。据舆情数据统计，从7月1日至12月23日，相关网络新闻达到12 718篇，报刊750篇，论坛911篇，博客176篇，微博1 408条，微信9 617条，App 8 685条。其中，网络新闻、微信、App 三类平台的占比比重位居前三，占比分别约为 37.12％、28.07％、25.35％。

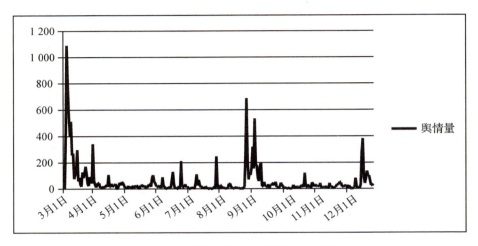

图 2-3-4　"教育部门破解'三点半'难题"舆情走势图

2018 年 7 月，教育部印发《关于开展幼儿园"小学化"专项治理工作的通知》，多家中央级媒体及地方媒体做了积极报道，舆情迅速升温达到峰值。此后各地出台方案多措并举扎实开展幼儿园"小学化"专项治理工作并被媒体关注报道，舆情热度在 9 月、11 月、12 月中旬持续升温（图 2-3-5、图 2-3-6）。

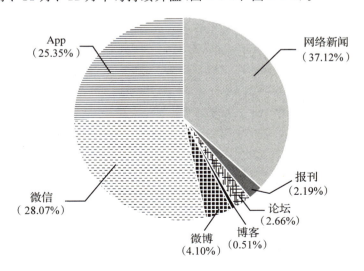

图 2-3-5　"幼儿园'小学化'专项治理"各媒介分布图

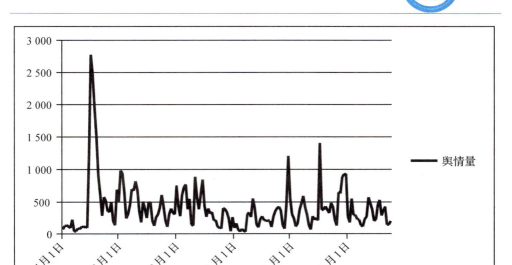

图 2-3-6 "幼儿园'小学化'专项治理"舆情走势图

二、舆论反馈

(一)校外培训机构整治

1. 媒体关注分析

(1)关注教育部等四部委整改校外培训机构

2018 年 2 月，教育部等四部门联合印发《关于切实减轻中小学生课外负担开展校外培训机构专项治理行动的通知》，正式打响校外培训机构治理专项行动。新华社、人民网、新华网、中新网等多家中央级媒体纷纷刊文报道。

8 月 23 日，教育部召开发布会，就日前国务院办公厅印发的《关于规范校外培训机构发展的意见》进行解释。澎湃新闻报道，教育部基础教育司司长吕玉刚在会上表示，《关于规范校外培训机构发展的意见》突出问题导向，着眼于"谁来管""管什么""怎么管"，从规范校外培训机构、减轻学生过重课外负担的关键环节入手，提出了六方面具体措施，明确了相关任务和政策要求：一是明确设置标准；二是依法审批登记；三是规范培训行为；四是强化监督管理；五是提高中小学育人能力；六是加强组织领导。此次发布会吸引了《人民日报》、中央电视台、《光明日报》、《经济日报》、人民网、新华网等多家主流媒体关注。8 月 23 日，《人民日报》在第二版要闻版大篇幅刊文《国办印发意见 规范校外培训机构发展》详细介绍了意见提出的具体措施；光明日报刊文《国务院办公厅印发〈关于规范校外培训机构发展的意见〉校外培训机构坚决禁止应试、超标、超前培训》《校外培

训机构谁来管 管什么 怎么管——专家解读国务院办公厅〈关于规范校外培训机构发展的意见〉》；经济日报发表文章《提高准入门槛 规范培训内容》《校外培训机构不容再疯狂》《规范校外培训机构发展》《让校外培训在制度轨道上规范发展》予以解读关注。

（2）关注整治工作进展顺利

校外培训专项整治工作开展以来，进展比较顺利。2018年12月13日，在教育部举行的新闻发布会上，教育部基础教育司司长吕玉刚表示，截至2018年12月12日，全国共摸排40万所校外培训机构，发现存在问题机构27.3万所，现已整改24.8万所，整改完成率达到90%。广东、西藏、广西、浙江、上海、甘肃、安徽、宁夏、河南、福建、江苏、新疆生产建设兵团、山西、四川14地整改完成率达到95％，取得了重要的阶段性成果。人民网、新华网、央广网纷纷以《教育部：校外培训机构整改完成率达90％》《教育部：全国已整改24.8万所校外培训机构 完成率达90％》《教育部介绍基础教育有关热点难点，全国教培机构整改完成率达9成》做出重点报道。各地媒体积极刊发新闻报道整改情况。例如，《山西青年报》发表文章《我省11 156所校外培训机构完成整改》，宁夏卫视报道《银川强制关停244家、限期整改455家校外培训机构！》，现代快报发文《无锡重拳出击2 000余所校外培训机构被责令整改》。

（3）认为从源头上降低学生和家长的课外培训需求才是根本

媒体认为校外培训规范只是第一步，如何从源头上降低学生和家长的课外培训需求才是根本。《人民日报》评论，校外培训的火热状态，应当引起学校教育的反思。毕竟，只有提高了中小学的教育品质、育人能力，才能从源头上降低学生和家长参与课外培训的需求。一方面，想方设法提高课堂教学效果和学生学习效率，让学生在学校里"吃饱吃好"；另一方面，解决好"课后三点半"问题，帮助学生培养兴趣、发展特长、开阔视野、增强实践能力，提高课后服务水平，只有不断提升学校教育的质量，才能从源头上遏制校外培训机构的野蛮生长。《新华日报》认为，减轻学生过重的课业负担，既需要学校教育系统、校外教育系统的"善治"，也需要家庭教育、社会教育、公益教育系统的协同治理。《中国教育报》表示，整顿校外培训机构不是扬汤止沸，而是釜底抽薪；不是不让中小学生学习，而是减轻他们已不堪重负的身心压力。打赢这场战役，是减负这项系统工程的重要一环，符合所有家长和学生的切身利益。

（4）在线教育机构亟待规范

部分媒体关注在线教育市场乱象，认为部分在线教育机构亟待规范。《工人日报》发文称，频频出现的突然停业和跑路事件背后，是一些在线教育机构的无资质办学，资金不受监管，而超前、拔高的学科类教育也严重误导了消费者。专家表示，有关部门须尽快针对这一行业制定专门法规和条例，设置准入门槛，同时防止其成为校外培训机构治理的"漏网之鱼"，以保障学生和家长的合法权益。《南方都市报》表示，网络在线教育市场如雨后春笋般发展壮大。

（5）建言校外培训乱象整治调整思路

就在整顿正在进行时，一篇题为《疯狂的黄庄》的文章刷爆朋友圈，白描式的文字背后所流露的焦虑感甚至是窒息感，同时也把海淀区教育行政部门推到了舆论的风口浪尖。《华夏时报》报道，在当前校外培训机构面临"史上最严"规范整治的背景下，黄庄培训机构集中整改工作更是被提上了海淀区教育行政部门的日程。2018 年年底北京完成集中整改任务，从 7 月开始进入集中整改阶段后，北京市指导各区加强统筹，多措并举。腾讯《今日话题》在《只要名校还偷招好学生，就还会有"疯狂的黄庄"》一文中表示，从根子上解决家长的教育焦虑，需要尽快实现公共服务高水平均等化。而教育主管部门在短期上需要做的，不止于整治校外培训机构，因为这"治标不治本"，更重要的是改变公立学校的价值观，不能明面上不择校，实际上偷偷摸摸选拔学生。

微信公众号"领导微智库"也认为，治理校外培训乱象需要调整思路，首先要从以治理培训供给为主转向以治理对培训的需求为主，通过改革分数评价制度、扭转基础教育竞技化趋向，使家长和学生对培训的需求逐渐降温。其次，要降低培训机构准入门槛，实行"工商注册＋教育培训备案＋教育风险准备金"制度，将所有培训机构纳入监管，增加市场供给，防止部分无证无照或有照无证的机构长期在灰色地带经营。

2. 专家观点分析

北京教育委员会副巡视员冯洪荣表示，2019 年北京小升初会取消特长生，以减少盲目培训特长生的情况。此外，北京市将严查校外培训机构培训结果与中小学校招生入学挂钩的行为，斩断通过培训机构择校择生途径。

上海市教育委员会总督学平辉表示，从 2017 年 3 月开始，上海市教育委员会等多部门进行规范整治，摸排发现上海共有教育培训机构近 7 000 家，其中有照有证的仅为 2 255 家。他指出，对全市各类教育培训机构进行分类规范：对无证无照经营机构，依法查处取缔；对有照无教育培训资质机构，教育、工商部门下发《行政指导书》，限期整改并依法规范；对有照有证机构的不规范行为，加强事中事后监管，依法规范与整治其不规范办学行为。

21 世纪教育研究院副院长熊丙奇表示，我国应进一步明确培训机构黑名单的上榜对象，应该针对有资质但有不良经营行为的培训机构，而对于无资质的教育培训机构，按规定必须严格取缔，至于如何消除无资质的机构，需要我国调整对培训机构的监管思路。

华东师范大学教育学部教授吴遵民认为，在线教育行业必须设置门槛，重点解决合法合规办学、课程质量提升、高素质师资队伍三大问题，但政府监管不宜"一刀切"，可采取分类管理模式，促进这一新生教育业态良性发展。

北京师范大学第二附属中学党委副书记陈国治表示，广大家长和中小学生一边痛斥校外培训机构的弊端，一边被动地参加到校外培训的大军中去。谁来打破这个局面？陈国治坦言，教育部等四部门联合行动，给了人民群众一个"再难管也要管"的有力回答。

学大教育首席执行官金鑫认为，此次由教育部等四部门开展的专项治理行动，是对校外培训行业乱象的重拳一击，将会对确立校外培训行业秩序和行业规范以及行业的健康、有序、良性发展起到积极作用。

新东方教育科技集团董事长俞敏洪也对行业乱象感同身受。"随着各种类型的民办教育机构大量涌现和快速发展，民办教育行业也出现了鱼龙混杂、急功近利、过分注重'应试'、超前教育、加重学生负担等问题，甚至出现举办者卷款而逃的极端现象。"俞敏洪认为，面对一些行业问题和乱象，在国家加强监管的同时，教育培训机构自身更应该严格自律，不断进行反思和改进。

3. 网民观点分析

校外培训机构普遍存在办学资质、安全隐患、教学内容、师资聘任、竞赛考试、招生宣传、收费管理等方面的违规违法行为。网民对教育部等四部委整治校外培训机构给予支持，认为校外培训费用令家长感到压力山大。此外师资、口碑、教学内容、安全隐患都成为网民吐槽的对象。多数网民认为培训机构乱象重重，教育部等四部门重拳出击，对于校外培训机构的健康发展、学生减负有积极意义。部分网民认为教育改革还应向纵深发展，学生、教师和学校的评价体系、考核标准不变革，整治校外培训机构取得的效果可能是有限的。

网民观点摘编：

网民@去哦：早就应该这样。许多培训机构使用的是兼职大学生，极不稳定而且经常更换，对补习的家庭而言，花了巨额补习费，却没有效果，反倒是越补越差。这种不合理的早就该整治了，一些朋友都经常抱怨，某某机构太坑，换了好几家都这样。

网民@遴选：既然从事教育行业，有教师资格证起码是最基础的要求，虽然有教师资格证的老师未必一定教得好，但是连教师资格证都拿不到的人，一定不合格。

网民@草塔：有了教师资格证，那么如果这个老师误人子弟，完全可以通过教师资格证查到，如果国家设立信用系统，可以将教师等级和个人绑定，这样就能督促校外机构老师的教学水平。

网民@当采纠杉袄哟：一网打尽校内校外一切有偿补课，给孩子一个正规的学习环境吧。希望国家加大力度强制取消有偿补课。

网民@王人平：学生、教师和学校的评价体系、考核标准不变革，整治校外培训机构就是本末倒置，解决不了根本问题。

网民@心理学者肖安：其实重要的不是减负，而是如何开放思想，不在孩子发散思维的时候、最有想象力的时候，去禁锢孩子的思维，否则生产力的创新跟飞跃只能是一句空口号。

网民@全球儿童安全组织：说得有道理，还有就是怎么样打开家长们顽固的思想。我认为有必要对家长们做培训！

网民@田世国：在严查的同时，相关部门还要逐步引导校外培训机构走向规范化。

网民@水一天：不去课外辅导班补课，孩子的学习成绩怎么办？如果孩子成绩提高不上去，将来在社会上难以立足。

网民@魔鬼的喜好：补课的根源在于高考的压力，除非取消高考，否则补课就是刚需。取消高考是不可能的，那么补课就有强大的市场。打击社会补习机构只会造成供不应求，补习费用高涨，根本就解决不了问题。

（二）破解"三点半难题"

1. 媒体关注分析

（1）《人民日报》："给学生减负"为何牵动人心

目前，考试仍然是教育的指挥棒，指挥棒指向哪里，整个社会的资源调度就会朝向哪里。要减负，还应克服"头疼医头，脚疼医脚"的策略，形成全面可行的长效机制。说到底，要从源头上建立多元评价体系，杜绝减课时不减考试的表面文章；要"调结构"，着眼综合素质，调整课程大纲；要"提质量"，减少机械重复，激发学生兴趣；要疏通机制的阻碍，也要堵住课外培训恶性竞争的漏洞……总之，教育应着眼于人的全面发展，切莫把减负这一手段当作根本目的。可以说，减的是负，提出的却是一个教育改革的大命题。出台文件、落实措施，都相对容易，但在现实土壤与利益格局中，谋定全局的策略，摆正各方的角色，却有大量工作需要持续不断地推进。给孩子们"减负"，应该是一致的认识；素质教育，更是共同的期望。将招录制度的改革做足，将教育资源均衡化作实，才能真正让孩子们的童年丰富多彩。

（2）《光明日报》："三点半难题"能否破是人民满意的打分点

反思基础教育"课后三点半"教育问题的解决，其本质是教育决策是否能够"坚持以人民为中心"，是否站在人民的立场思考和解决问题。《关于规范校外培训机构发展的意见》的出台和各地采取的措施，充分体现了"坚持以人民为中心"

的基本立场，表达了统筹各方、兼顾多面的政策价值取向。

（3）中国网：弹性离校，尚未破冰

这一政策的直接效果就是，孩子放学时间与家长下班时间产生冲突。不是孩子没人接，就是即便接回去，也不知怎么安排剩余时间。原本旨在"减负"的政策措施，因为家长接送不便而产生了"学校减了负、家长增了负、孩子没减负"的溢出效应。"三点半难题"逐渐演变成社会问题。甚至有些全国政协委员担心"会打击适龄夫妻生二孩的积极性"。2018年3月，教育部出台了《关于做好中小学生课后服务工作的指导意见》，明确要求中小学校主动承担起学生课后服务责任，积极探索形成各具特色的课后服务工作模式。2018年两会期间，教育部部长陈宝生在全国政协教育界别联组讨论时也表示，为此将考虑实行弹性放学时间。

（4）《中国教育报》：政府主导学校组织课后托管

由政府主导提供财政支持，学校负责组织实施，提供放学后托管服务，是各地解决"三点半难题"最常见的模式。在上海，全市小学自2017学年开始全面试行"快乐30分"拓展活动，每周安排4天，每天活动时间一般不少于30分钟，学生可自愿选择参加。上海要求，"快乐30分"结束后，所有公办小学都要为确有困难的学生继续提供看护服务。在北京市大兴区，2018年春季新学期开始，新城直属地区的60所小学和幼儿园全面试行课后延时服务，集中看护不能按时被家长接走的儿童直到下午六点半。大兴区教育委员会相关负责人介绍，课后延时服务完全免费，家长自愿选择，有服务需求的家长向学校提前申请，学校根据申请情况安排教师。不同班级的学生将组成规模不超过20人的临时班，由两名教师管理。

（5）《中国青年报》：让改革的光照进教育的影

课外培训机构发展至今，问题不在于多，而在于乱。虚假宣传、漫天要价，与公立学校入学挂钩等现象频繁出现在报道里。家长就像只无头苍蝇，被市场上繁芜丛杂的"培优班"闪花了眼，最后只能求贵求全，和孩子一同陷入重压之下。家长所做的一切，都是为了避免孩子"输在起跑线上"。中小学教育被当作精英孩子进入高等教育的预备，而不是一生成长的基础。这种功利的教育观念与激烈竞争的社会环境契合，也与单一的升学评价体系有关。为校外培训热降虚火，教育部门不仅要治标，更要治本。如何做大优质教育资源的蛋糕，打破"唯考试"论，让人们在学校之外也有学习、发展的机会，考验着教育改革者的智慧与决心。

2. 专家观点分析

江西省南昌市东湖小学副校长涂剑龙认为，课后服务增加了教师的工作量，对教师的补助机制还有待完善，专项经费短缺也限制了课后服务质量的综合提升。

武汉大学教育科学研究院教授李保强认为，"中小学课后服务工作"属于教育福利范畴，是"学校社会工作"的有机组成部分和重要表现形式，不能将其作为教育上的"补课"行为和"赢利"策略。

3. 网民观点分析

在很多网民看来，"三点半现象"所带来的直接困扰在于"如何接送孩子"，"并不是所有父母都可以方便接送""普通老百姓的时间真的没有这么好控制"。同时，对于类似推迟上学时间也有着这样的讨论，有网民指出虽然这是给孩子和家长减负的好事情，但因时间的更改，可能会造成上班准点的困扰。因而，有很多网民呼吁上学的时间应兼顾父母的上班时间，另有网民则认为"学生问题应该在校园内解决"，在此问题上学校应承担更多责任，如提前教师到校时间，组织各种放学后的活动课等，当然相应的应该给予教师一定的补助。

(三)幼儿园"小学化"专项治理

1. 媒体关注分析

(1)《文汇报》：科学治理还需"心中有儿童"

在让幼儿园走出"小学化"倾向，落实以游戏为基本活动的教育模式时，不仅要用科学的眼光去把握儿童的年龄、心理发展的特点，更要用人文的情感，去感同身受地理解儿童的愿望、爱好、行动、感受与体验，理解眼下的一切对于他们当下生活的意义。在幼儿园教育活动中，如果只见儿童的发展规律，而看不到有着意义体验的人，儿童幸福而快乐的童年生活就很难得到保障。

(2)红网：治理幼儿园"小学化"让幼教回归"本分"

各地要将学前教育逐渐纳入义务教育体系，使其从无序的竞争，转向关注学前孩子应该得到的教育、引导等方面。另外，教育部门要经常到幼儿园、早教机构进行检查、指导、评估，对幼儿教育中有小学化倾向的现象和问题及时纠正，才能使幼儿教育脱离庸俗化和功利化，让幼儿教育回归"本分"，才能防止学前教育"小学化"，把天真烂漫还给孩子。

(3)澎湃新闻：从治理幼儿园小学化看依法治教的困境

因升学评价体系单一，进而导致幼儿园小学化，小学连基本的义务教育课程也不开齐，这是对基础教育秩序和生态的严重破坏。这是不依法治教的问题，而不是评价体系的问题。如果只强调评价体系方面的问题，那么，在评价体系短时间内无法做出根本性调整的情形下，地方教育部门和学校更可能对不依法办学心安理得；而就算改革评价体系，为追求教育成绩和政绩，地方教育部门依然会选择不依法治教。解决我国当前教育的问题，首先应该区分依法治教和教育评价体系问题，这两者不能混为一谈。在笔者看来，依法治教是更紧迫的问题，是维护基础教育秩序的前提。在依法治教的基础上，再改革教育评价体系，才能真正优化教育环境。离开了依法治教，教育规律就会被丛林法则替代，而学生的人格与身心则会被丛林法则伤害。

2. 专家观点分析

未成年人心理指导专家王道荣认为，课外培训班可以报，但最好以兴趣爱好类的为主，别太有目的性。"这一阶段孩子心智不成熟，别让孩子有反感，否则上再多的课程都是徒劳。孩子感兴趣、主动愿意去做的事情，才会有结果。"

三明学院教育与音乐学院副教授魏仪认为，幼小衔接在理论上是不支持的。第一，现在幼儿园和小学已经注意到幼小衔接的问题，比如说小学汉语拼音的教学时间改在期中，而不是像原来那样一进小学就开始教学。第二，假期就开始学习小学的内容，会导致孩子在入学后产生"炒冷饭"的感觉，失去新鲜感反而会让孩子厌学。第三，目前市场上的培训班良莠不齐，有可能干扰影响正常的教学。

广西幼教专家李艳荣认为，教育部对幼儿园"小学化"专项治理，不仅对幼儿园、社会培训机构提出了要求，还对小学"零基础"招生面试、"零起点"教学等提出了明确要求，非常必要，势在必行。幼儿园"去小学化"是一个系统工程，必须在教育行政部门的统领下，幼儿园、小学、社会培训机构、家长达成共识与合力，构建长效保障机制，才能从根本上治理幼儿园"小学化"问题，还幼儿幸福快乐的童年。

3. 网民观点分析

网民普遍对教育部出台治理幼儿园"小学化"政策给予支持，认为幼儿园"去小学化"最重要的还是家长转变观念，同时加快教育改革，满足人们对优质教育资源的需求。

网民@张海英：教育部门再次出手治理幼儿园"小学化"，值得肯定。因为此举对于维护儿童身心健康、纠正家长功利思维、规范幼小阶段教育秩序具有重要意义。

网民@金秋时节：幼儿园"去小学化"最重要的还是家长转变观念。要改变家长的观念，一则需要幼儿教育相关知识的普及，从而让广大父母认识到抢跑教育对孩子的危害。二则需要通过强化专项治理，促进幼儿园保育教育水平不断提高。三则通过优化幼小衔接体制，让广大父母放心。

网民@魏英杰：治理幼儿园"小学化"，只是教育改革的一个环节。只有加快各级招生体制改革，满足人们对优质教育资源的需求，逐渐减轻幼升小、小升初的压力，才可能从根本上遏制这一乱象。

三、舆论热议背后机理探析

(一)关于"校外培训机构整治"舆论热议背后机理分析

在不断推进学业减负的大背景下,校外培训非但没有偃旗息鼓,反而越发火热起来。造成校外培训如此火热的原因是多方面的,既有家长对孩子的教育焦虑,又与学校升学政策紧密相连。

1. 中产阶层对稀缺教育资源的焦虑

中产阶层对孩子教育的集体焦虑,一是因为随着经济的快速发展,大中城市中产阶层群体迅速扩大,但最优质的教育资源却很稀缺,从而导致竞争不断白热化。二是因为最优质教育资源的集中化趋势明显,在20世纪八九十年代,各地的基础教育资源虽然也存在一定的区域不平衡,但远远没有当下这么严重。比如,很多县级中学在省内都是名校,进入21世纪以来,全国各地都出现了一批所谓的超级中学,它们往往集中在省会城市,而这些学校,几乎将全省的优质生源一网打尽,导致了教育资源的进一步失衡,而这种失衡又会加剧家长的焦虑,使学业竞争不断升级。三是因为财富分配由扁平结构向金字塔结构转变,社会分层越来越明显,在1998年住房改革之前,决定中国人社会分层的主要因素是工资性收入,虽然存在收入差距,但社会财富的分配总体上是扁平化的。而随着社会发展,住房商品化和资产金融化,使得财产性收入逐渐成为社会分层的主导因素,对于中产阶层而言进一步上升非常困难,但下降却非常容易,这使得他们充满了不安全感。

2. 多校划片、就近入学难给择校热降温

针对教育公平问题推出的"多校划片""就近入学",是指一片学区对应多所学校,满足入学条件的学生需随机摇号、派位入校。可无论是哪种划片制度,手持学区房本(产权),都是入学的必要条件之一。此外,"多校划片"并不是简单地把几所学校划成一片,而是兼顾统筹,将优质校、中差等校划在一个片区,力求让优质学校带动其他学校发展。学区内的学生通过随机摇号入学,均衡学生接触优质校的机会。但在"多校划片"的实施过程中,难免会出现优质学校集中,或一般学校集中的学区,两者间的差距仍然存在,房价差额也就随之存在。教育资源不均衡仍然是学区房供不应求的原因。择校热的背后,是教育资源的不均衡。要想让择校热"退烧",必须采取措施促进教育公平发展。

3. 家长让孩子提前学,想赢在起跑线

如果在网络上搜索"孩子""起跑线"关键词,五花八门的商家广告会映入眼帘,"对孩子早期的教育,直接影响孩子的未来。在孩子小的时候就开始让他们学习舞蹈,是对孩子的一项长远投资。别让你家孩子在起跑线上就比别人慢半

拍!"这些培训班的各类广告刺激着家长的神经。有家长表示:"就好像赛跑,抢跑的焦虑,不抢跑的更焦虑。大家都只是试图通过'赢在起跑线'抓住一丝安全感。"有家长说:"许多人并不知道起跑线在哪,只是被无形的力量裹挟着,不愿掉队。"有观点表示,一些父母本身都缺乏自我认知、自我管理、自主学习的能力,不具备健康的心态、独立的人格,只是单纯地把期望和压力放在了孩子身上,让孩子进行"填鸭式""灌输式"的超前学习,这样的教育无异于舍本逐末、缘木求鱼。

4. 孩子升学压力大,进培训班为了上好学校

不少家长表示,补课,就是为了能上好学校!曹家长说:"以前大家都比较热衷参加培训搞奥数证书,但据传与名校升学并不挂钩,热度就减轻了许多。但大家还是辗转于各种培训班,总之不能让孩子闲着,因为你不学,但别人在拼。"对于一些孩子上学区学校的家长来说,躲得了小升初,仍然躲不过中高考。有业内人士表示:"人人都焦虑,最不可逃避的重要原因还是升学。"小学要小升初,中学要中高考,在这个过程中会有各种各样的比拼,孩子要上好学校就要成绩好,学校要立足也要成绩好,成绩就成了一个绝对重要的指标。现在离开这些谈减负,家长也不答应。

(二)关于"三点半难题"舆论热议背后机理分析

1. 政府部门财政补贴不到位,教师积极性不高

在这项工程中,教师是十分重要的一环。若是无法从现实层面给予教师补偿,那么这项政策的长久性恐怕也很难保证。2018年1月,国务院下发文件,明确提出要提高教师待遇,确保中小学教师的工资不低于或高于当地公务员的平均工资水平。同时,在新一轮解决"三点半难题"上,政府也称会给教师进行一定的补贴。可时间和标准尚未可知。

2. 学校需同时考虑教师工作强度与学生安全,压力巨大

教育部出台《关于做好中小学生课后服务工作的指导意见》,明确要求中小学校主动承担起学生课后服务责任,充分发挥中小学校课后服务主渠道作用。破解"三点半难题""谁来唱主角"有了明确定调。但是学校在实际落实方面,上要考虑政策执行、管理,以及对学校的评价;下要照顾老师的情绪和工作量;同时还要兼顾孩子的安全问题,压力着实很大。

3. 学校职能在扩大,增加管理难度

目前,学校共同面临的一大难题在于人员管理。有校长表示:"最突出的问题就是校方无法统计真正有这种需求的人数。有些家长一听说有延时服务,觉得孩子在家写作业我辅导不了,既然有这个服务了,那么我就想哪天来哪天来,今天来10个,明天来8个,这无疑加大了管理难度。那么,人数一多,每个老师分摊的工作量就大，老师的负担就这样加重了。"

(三)关于幼儿园"小学化"舆论热议背后机理分析

1."小学化"的教育方式对儿童不利

这种"小学化"的教育方式，偏离了正确的办园方向，对幼儿健康成长带来了很大危害。

一是造成孩子厌学。处在学前教育阶段的孩子，对周围的世界还没有充分的认知，还充满着对各种各样事物认识的好奇心。然而幼儿园"小学化"却让孩子，在幼儿园学习各种各样生硬的知识，应对各种各样的任务，让孩子对学习产生了恐惧和厌恶的心理，结果使孩子还未正式开始学习，就已产生了厌学的想法。

二是扼杀孩子的天性。孩子的天性本是活泼好动的。然而幼儿园"小学化"教育却不顾他们的天性，单调地让孩子写字、算数，违背了他们的天性，剥夺了他们童年的快乐。幼儿园"小学化"教育使他们失去了学习、创造和探索的机会，容易扼杀孩子的天性。

2.幼儿园"小学化"倾向的主因是家长急功近利

一是社会功利化，使家长急功近利，一方面家长有较高的知识水平，另一方面年轻的父母容易把生存的压力转嫁到孩子身上，对孩子期望过高，在孩子教育方面存在不能科学施教，以及不切实际的攀比、好面子等现象。二是幼儿园应和家长需求，争抢更多生源，将教育初衷抛在了脑后。三是一些社会培训机构以"幼小衔接班"有效绑架了家长，对儿童开展超纲超限教学，进一步加大了家长担心孩子输在起跑线上的焦虑。四是小环境受大环境的制约，一考定终身的高考指挥棒依然对幼儿教育、小学教育产生着极为深刻的影响。

四、建议思考

(一)关于校外培训机构整治应从需求端和供给端两个方面考量

现如今校外培训行业乱象的产生是由于供需不平衡导致的。而解决这一问题也必须从供需端考量。一味地加严审批流程，只能让大量不合法、不合规的民办教育培训机构继续存在，解得了近虑，却消不了远忧。从需求端考量，提高学校教育的质量，减少家长对校外补课的需求才是当务之急。培训机构"超纲教学"的根源并不在于其本身，而是整个教育评价体系出现了问题。家长对于孩子学习成绩的评估过于苛刻，使孩子产生了失衡心理。从供给端考量，补足校外培训机构，才能让市场机制发挥作用。如果放宽校外培训机构的准入门槛，增加其供给，那经过市场机制的调节，整个行业必将会越来越规范且趋于理性。

(二)破解"三点半难题"应以教育公平为理念明确定位，从制度层面动员社会各方广泛参与，形成多元治理体系

1. 思想层面：以教育公平为理念，明确其性质定位

一直以来，"三点半难题"的性质定位模糊，导致了权责归属不清、制度缺失、监管缺位等问题。因此，治理"三点半难题"的第一步就是要秉承教育公平的理念，明确其性质定位。"三点半难题"是我国教育改革和经济发展过程中不协调的产物，是在为中小学生减负、规范中小学管理的过程中衍生出来的教育性问题，是随着社会经济的发展、家庭结构的变化而产生的社会性难题，所以"三点半难题"具有多重性，它不仅是关系到学校教育的问题，还是关乎每个家庭的问题，更是具有社会性质的难题。我们应当秉承教育公平的理念，将"三点半难题"的解决纳入公共服务体系之中，把"三点半难题"的治理定位为提升社会成员幸福感和获得感的民生工程。

2. 制度层面：形成以政府担当为主导，以公立学校为主体，支持校外机构发展，社会成员广泛参与的多元治理体系

以政府担当为主导是解决"三点半难题"的应有之意。政府提供的稳定的经费是课后服务顺利实施的保障，而相关设施和场所的修缮、相关教师和学校的补贴也都需要充足的资金来支持。以公立学校为主体是解决"三点半难题"的必要之举。学校作为教育和学习的主要场所，不仅有其他地方无可比拟的环境、师资、场地、资源等优势，而且"孩子能在校内托管"是最好的选择，也是绝大多数家长共同的心声。支持校外机构发展是解决"三点半难题"的有力补充。鼓励和规范非营利性的教育辅导机构的发展，共同承担起教育学生的任务不仅能缓解校内课外服务的压力，也能满足学生和家长多样化的需求。

3. 关于幼儿园"小学化"专项治理应针对家长"对症下药"，把早教培训机构也纳入治理范畴，应对超前教育进行综合治理

教育部门再次出手治理幼儿园"小学化"，值得肯定。因为此举对于维护儿童身心健康、纠正家长功利思维、规范幼小阶段教育秩序具有重要意义。所以，期待各地有关部门严格落实此次专项治理措施，既让幼儿园回归幼儿教育规律，也给社会上的"衔接班热"降降温。由于此次治理既考虑到幼儿园教育不规范，又考虑到家长担心幼升小，还考虑到培训机构超前教育，可谓全面到位，不过，实际治理成效还需要时间来检验。这一轮专项治理主要取决于能否消除家长焦虑。如果能改变家长的教育观念，这轮治理会取得好的效果。所以，无论是治理幼儿园"小学化"，还是治理"衔接班热"，首先要搞清楚家长们的所思所想，然后"对症下药"。此外，还应把早教培训机构也纳入治理范畴，才能让治理真正严肃起来。而从法规的效力看，仅仅由教育部门下发通知还不够，需要进一步制定禁止超前

教育法，对从学前教育到中学教育的所有超前教育进行综合治理，以维护我国基础教育秩序。

河南四家长质疑考生答题卡被调包事件网络舆情案例分析

【总述】河南四家长质疑考生答题卡被调包事件经历了前期的舆论质疑和批评到后期的认可和点赞。舆论态度的转变得益于河南省教育厅直面问题和舆论关切，中共河南省纪委、河南省监察委员会展开权威调查，及时公布结果，回应舆论质疑。与此同时，也需要看到河南省招生办公室不合时宜的发声，给该事件的处理带来的负面影响。综合而言，该事件在中国高考发展史上具有重要的里程碑意义，其舆情引导是成功的。舆情引导中公布的信息不仅满足了公众知情权，还通过正面回应维护了高考的权威和教育公平。在舆情引导过程中，形成的快速打捞民意，回应舆论关切；权威部门介入，促进调查公正；重视细节表述，增强结果说服力；体现人文关怀，彰显包容务实；借力多元媒体，增强信息传播力等经验举措，对相关部门面对类似事件的舆情引导具有重要的借鉴意义和参考价值。

一、舆情概述

(一)事件概述

8月5日，微信公号"波动财经"发布《河南四家长质疑考生答题卡调包，纪委介入检察官实名举报》一文称，河南四名考生估分和查询成绩差距大，遭到涉事学生和家长质疑，引起热议。据媒体有关资料显示，家长苏先生于7月22日，在自己博客中发布了一篇万字长文，介绍高考分数复查事宜。

8月6日，河南省教育厅通过其官方微博@河南教育发布《关于网上反映个别考生家长质疑考生高考答题卡被调包的情况说明》，该说明表示河南高考工作有序进行，针对个别考生家长对考生高考答题卡被调包的质疑，河南省教育厅表示已获悉，同时，纪检监察部门已介入调查(图2-4-1)。

8月7日，河南省招生办公室官网发布《致全省招生考试战线同志们的一封信》，该信梳理高考招生考试工作安排以及该事件的调查进展，并安慰和鼓舞广大招生考试战线同志们的斗志，继续做好相关工作(图2-4-2)。

8月8日，其中一位考生核对检验答题卡后，确认是自己的笔迹，没有调包，并放弃笔迹鉴定，和母亲写了情况说明。

关于网上反映个别考生家长质疑考生高考答题卡被掉包的情况说明

河南教育 V | 发布于 2018-08-06 20:45:27 | 举报　　阅读数：743万+

关于网上反映个别考生家长

质疑考生高考答题卡被掉包的情况说明

高考工作事关千家万户，事关群众切身利益，社会关注度高。今年我省高考工作，各级党委政府高度重视，纪检监察部门全程严格监督，宣传、公安、工信、保密等部门齐抓共管，教育、招生部门精心组织，在考试、评卷、录取等各个环节严格按照国家法规、政策和程序进行，确保高考安全与公平。目前，录取工作正在有序开展。

近日，网上反映："个别考生家长质疑考生高考答题卡被掉包"。对此，为维护高考工作的严肃性，纪检监察部门正在依法依规进行调查。调查结果将及时向社会公布，接受广大人民群众监督，维护高考公平公正，维护高考良好声誉。

河南省教育厅新闻办
2018年8月6日

图 2-4-1　河南省教育厅情况说明截图

致全省招生考试战线同志们的一封信

高考事关广大考生切身利益，事关社会和谐稳定，事关党和政府形象。我省是考生大省、招生大省，今年全省考生98万多人，当前正在紧张有序进行近40万人的高职高专录取工作。对今年的高考招生工作，各级党委政府高度重视，纪检监察部门严格监督，宣传、公安、工信、保密等部门齐抓共管，教育招生部门精心组织，在考试、评卷、录取等各个环节严格按照国家法规、政策和程序进行，确保高考安全与公平。

7月以来，考生家长苏某、杨某以公职人员身份，联名另外两名家长在网络媒体上以实名形式多次发帖,质疑考生答题卡被调包。

在此之前，根据考生反映，省招办已按规定程序进行了反复核实，结果为：答题卡姓名、考生号、考场号、座位号与所贴条形码信息完全一致，四科答题卡字迹一致，确认系考生本人所答，成绩准确无误，核实结果及时书面回复了考生及家长。

今年我省继续实行网上评卷，使用机器阅读识别考生个人信息。每张答题卡都由考生本人在开考时核对并粘贴个人信息条形码（为唯一性、一次性使用），同时手写个人姓名、考生号、考场号、座位号等作为核对信息。答题卡扫描时，以考场为单位每30份一组扫描识别条形码信息，答题卡正反面均有校验识别信息，与事先存储在电脑里的考场信息相对应，只有识别校验正确机器才能通过，确保了每张答题卡信息对应准确。

当前，鉴于发帖的考生家长已实名向省有关部门举报，省招办正在配合省有关部门依法依规进行调查，待调查结果出来后，将按上级要求向社会公布。

同志们，对今年的高考工作教育部提出了"三无一稳"目标，省委、省政府提出了"三零四不"的工作要求，大家要不忘初心，坚定信心，保持定力，砥砺前行，以实际行动贯彻落实省委十届六次全会精神，为让中原更加出彩做出应有的贡献。要让广大人民群众相信，河南招生考试战线的广大干部有决心、有能力维护高考公平公正，维护广大考生利益，维护平安高考、阳光招生的河南品牌，向省委、省政府和全省人民交出一份合格答卷。

河南省招生办公室
2018年8月7日

图 2-4-2　河南省招生办公室《致全省招生考试战线同志们的一封信》截图

8月11日，中共河南省纪委、河南省监察委员会发布《关于网络反映"河南四家长质疑考生答题卡被调包"问题的调查结果通报》，通报正面回应调包质疑，结论是不存在调包，同时针对相关人员是否存在违法违纪行为做出回应，维护了高考制度的权威性和公正性，推动相关舆情热度迅速衰退（图2-4-3）。

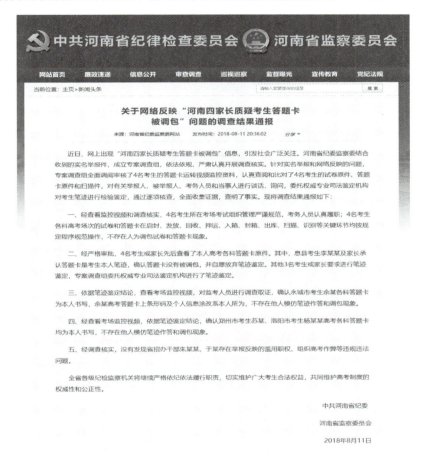

图 2-4-3　中共河南省纪委、河南省监察委员会相关调查结果通报截图

(二)舆情特征

据舆情监测系统数据显示，截至 9 月 16 日，相关网站新闻 4 007 篇，报刊 195 篇，论坛 939 篇，博客 758 篇，微博 3 657 条，微信 4 299 篇，App 新闻 4 863篇，视频 30 条。其中 App、微信和网站三类平台的比重分列前三位，占比分别约为 25.94%、22.93%、21.37%。值得注意的是，此次事件的 App、微信、微博三个自媒体平台占全部平台的比重近七成，足见自媒体在此次事件中的传播和推动作用。此情况表明这是一起典型的由自媒体首发的、引爆舆论场的、多元传播路径引发的舆情事件（图2-4-4）。

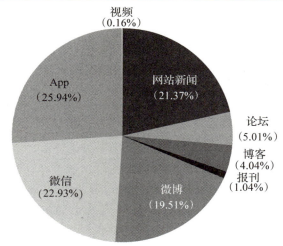

图 2-4-4 "河南四家长质疑考生答题卡被调包"各媒介分布图

监测区间段（8月5日—9月16日）内，共出现两次峰值，分别在8月8日和8月12日。其中8月8日的峰值与河南省招生办公室官网发布《致全省招生考试战线同志们的一封信》以及信阳考生李闻天确认未调包相关。8月12日的峰值与中共河南省纪委、河南省监察委员会发布《关于网络反映"河南四家长质疑考生答题卡被调包"问题的调查结果通报》得到广泛传播相关。8月12日后相关舆情热度快速消退，逐渐趋于稳定状态（图2-4-5）。

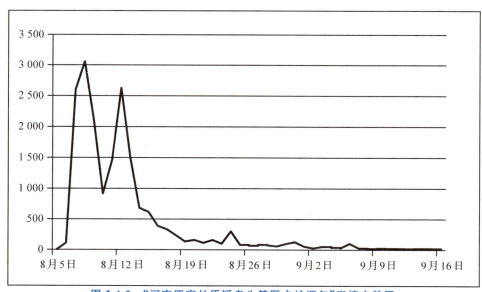

图 2-4-5 "河南四家长质疑考生答题卡被调包"舆情走势图

二、舆论反馈

（一）媒体及专家观点解析

1. 呼吁用真相回应舆论质疑

《检察日报》评论，这一事件涉及公众最为敏感的公平问题。高考制度并非完美，也有完善空间，但从现实看，这是最公平也最为百姓接受的人才选拔方式。常说"十年寒窗"，但现在的考生实则是"十二年寒窗"。如果试卷、答题卡"被调包"最终得以确认，那么对于这几名考生来说，他们12年苦读只是为他人"做了嫁衣"。这是世间最大的不公平之一，也将从根本上动摇高考公平，以及动摇人们对高考公平的信仰。一个经得起时间和历史检验的真相，既是对考生、家长负责，也是对高考制度负责、对国家的未来负责。

华声在线评论，维护好高考各个环节的公平公正，才能使广大考生的合法权益得到保障。但愿"高考答题卡调包"事件能尽快查明真相。

兰州新闻网评论，这起"乌龙"事件的触发，到底是源于考生对自己成绩的逃避，还是家长对孩子的期待过高，或者是两者兼而有之，当事人应该予以反思。不过，考生和家长对于高考成绩的态度、反应，也是高考社会效果的一部分。"一考定终身"或许已不是普遍事实，但高考被赋予的期待，仍不可低估。如何让社会对高考的过度紧张情绪或者过高期待得以舒缓，仍是一个未完成的命题。

《钱江晚报》评论，高考关乎考生一生命运，查看考卷印证考分是考生不容漠视的权利。我们不是说河南此次事件必为舞弊，也不是说是学生为忽悠家长编谎，只有彻底的公开，才能最大限度还原真相，杜绝不必要的猜疑产生。著名教育学者、21世纪教育研究院副院长熊丙奇认为，"高考答题卡调包"事件究竟真相如何，需要有对得起历史的负责任的调查。如果是惊天丑闻，也不能回避，因为这是关系到公平的底线问题。毕竟高考对于很多学子来说是改变命运的最佳方式，这也是树立高考公信力的需要。

2. 肯定和赞扬河南纪委监察委的调查

微博@人民日报的人民微评栏目评论，"不存在人为调包"，中共河南省纪委、河南省监察委员会以严格程序回应"答题卡被调包"质疑，以公正调查驱散疑云。这也警示：谁都不能伤害高考公平，否则将动摇公众对高考的朴素信仰。但愿处于风口浪尖上的涉事学生，经此"折腾"，还能恢复到正常生活，以更诚实的心态面对未来人生。

四川在线评论，有道是：有理不在声高。清者自清，浊者自浊。现在，既然有关部门已立案调查，对任何当事者来说，都必须是自觉配合调查，绝不可以任何形式干扰、对抗调查，一切都当对法律负责。所以，无论是考生、家长，还是招办部门，都该保持一份冷静，坚信调查组必将会澄清问题。当然，专案组也应当坚持原则，一查到底，给各方包括公众以公正的交代。

3. 认为涉事的孩子及家长们需要诚实

红网评论称，事已至此，后悔已经于事无补。接下来，熊孩子们要准备接受失信的惩罚了，这对他们而言，恐怕是不能承受之重，但也是自食苦果，怨不得人了。特别是写下《富强中国，不负少年》考场作文的这位同学，应该铭记"诚实做人，不负年少"。广大青少年也应以此为鉴，扣好人生第一粒扣子，不因任性而妄为。

4. 批评自媒体在该事件中的推波助澜

央视评论员称，从中不难看出，高考公平在世人心中占有极大的分量，而公平焦虑也让一些人进退失据。特别需要关心的是，这几名考生需不需要获得心理救济？最不可原谅的是那些添油加醋和煽风点火的自媒体，他们中的一些人打着正义的旗号，不过是为了追逐流量而故作惊人之语。捕风捉影乱贴标签，夸大其词、无事生非，在"人人手握麦克风"的网络时代，这种粗鄙的营销炒作理应受到制止和谴责。

5. 消解"调包焦虑"需推进高考改革

新浪网评论称，"调包焦虑"真正反映的问题，还是在于，高考对于我国考生实在太过重要了，尤其是对那些僧多粥少的考试大省，高考尤其残酷。想让这种故事不再上演，让人们不再对高考的公平性有着神经过敏般的质疑，最好的办法是降低高考的重要性，别再"一考定终身"。如今，我国东部一些省份的高考改革，就是这个思路，让考生不至于因为一次发挥失常就耽误一年。

6. 充分发挥复查机制维护高考公平

《经济观察报》评论，高考作为中国第一大考，是社会公平的集中体现，而公平的维护需要一系列机制设置。它不仅意味着相关部门要确保从命题到阅卷每一个环节的准确、公开、透明，更重要的是发挥复查机制对于整个考试环节的保障和纠偏，只有这样，才能做到让考生和家长真正的安心、放心。

光明网评论，该事件对于社会来说，已经超越了四名考生真实成绩的个体意义，其实已经触及了高考核心价值、社会公平底线等深层次命题。当事的考生、家长，以及无数中国社会的民众，都期待有一个无可置疑的解答。哪怕最终结果证明所有的调查取证都是白忙活一场，并无任何问题，但在社会层面来说，也不会是"白忙活"，这至少彰显了高考机制本身无可辩驳的自我复查、纠错能力，这也才能从根本上进一步坚定民众对高考的信心。

(二)网民观点

网民对此事高度关注，学生和家长是主要的发声人群，他们在事件发展时期一直期待相关部门能彻查此事。随着权威调查结果的公布，网民的点赞声居多，并认为这一处置措施不仅回应了舆论关切，还维护了高考的公平公正。其中，近四成网民希望有关部门彻查该事件；超两成网民认为该事件会影响高考公平及声誉；近两成网民认为高考是公平，不容侵犯的；超一成网民主张高考阅卷复查机制应更公开透明化；近一成网民认为重查浪费资源，主张严惩家长和学生（图2-4-6）。

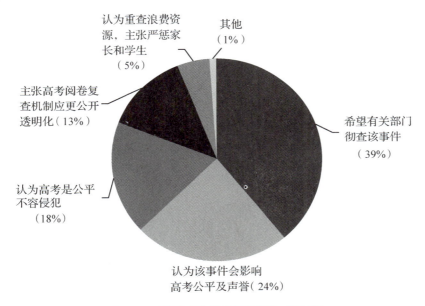

图 2-4-6 网民观点分布图（抽样：500 条）

1. 希望有关部门彻查该事件

网民@凭一口仙气：作为一个河南考生，希望彻查此事！

网民@股坛好运姐：本来读书是唯一的出路，现在这条路也要被截了的话，真的就让人绝望了，一定要彻查。

网民@Dream 梦想 1：希望彻查，我农村家庭对这个调包事情根本不敢查，就算分数低得多，查也是白查，还请还别人清白。

网民@温白开水好喝：彻查，如果真是被调包了，一定一定要严惩，别让广大学生寒心！

网民@lookseasgirl：彻查吧！这分数落差落谁谁都不信。

网民@高个子联谊群：希望彻查，如果连这么严肃的事情都逃脱不了黑暗的操纵，那真是毁了民族的未来。

网民@蕾蕾的旅程：一定要彻查，我弟弟今年高考，明明考后对答案，数学只错了半道大题和一道选择题，其他全部与答案相同，但是却考了一百零几分，比平常最差还差，去复查，什么结果也没有，如果这是真的，也太让河南考生心凉了。

网民@风 gj：望给一亿河南人民一个满意的交代。

网民@大学教师有话说：高考不光影响考生的命运，更是社会公平的重要体现。这件事情体现着政府的公信力和人心向背，必须高度重视，还社会以真相。如果确实存在违规，坚持公平公开，不护短才是政府应该做的。

2. 认为该事件会影响高考公平及声誉

网民@敲敲敲可爱的小胖子：如果这事情是真的，就击穿了高考这条底线！

网民@Dr 哆啦啦：划重点，维护的是高考的"声誉"。

网民@黔言阵地：如果属实，当是恢复高考以来中国教育的最大丑闻。

网民@单身闯天下 11：不只河南，我相信全国都可能存在类似爆料。

3. 认为高考是公平，不容侵犯的

网民@南阳师范学院：结果已出，高考是绝对严肃不容侵犯的！

网民@遗忘＿Gary：肯定是平常喜欢作弊，到高考原形毕露，不敢告诉家长，恰恰证明了高考的公平性。

网民@河南经贸职业学院一学生：♯河南高考答题卡调包♯关于网络反映"河南四家长质疑考生答题卡被调包"问题的调查结果通报。高考是绝对严肃不容侵犯的！

4. 主张高考阅卷复查机制应更公开透明化

网民@帝都小太爷：那就请开个公开的发布会，请媒体代表和当事人在你们的监督下看看卷子，接受社会监督，能做到吗？

网民@潇宝和硕宝：强烈建议发布规定，分数出来考生必须可以在所在省的网站上浏览自己答题卡扫描件，包括以前的，也要能查出来。

网民@切一格瓦斯：这以后是不得在答完题需要考生与答题卡合影了。

5. 认为重查浪费资源，主张严惩家长和学生

网民@冬天的美丽 Baby：既然调查报告出来了，证明没有调包的话，相信也是花费了不少的人力物力。那么非此即彼，对不实举报的人应该如何处理？一个不实举报，耗费这么多资源，总得有个说法吧？

网民@闹闹小钰儿：建议这次造谣的学生和家长应该被追究法律责任，增强政府公信力，维护高考的尊严！

网民@梦怡的青春：学生有权查卷子，但是她看到自己答题卡后还是称作文和自己写得不一样，这就等于污蔑高考的威信，当地教育部门还有纪检大夏天调监控找试卷查了这么久，就因为学生的谎言，我觉得应该追究责任。

网民@城南柳絮：笔迹鉴定费麻烦家长出一下；余某在考场上已经设计好后面闹事的戏码了，否则怎么会涂改条形码？这种垃圾不该处分吗？

网民@问学中原：建议起诉家长及考生。

网民@二毛豆：几个孩子的谎言，不仅坑了自己，坑了爹，坑了学校，坑了河南教育，更坑了河南人，这次闹剧没有赢家。

6. 其他

网民@嘿天毅：也别说别人质疑，个别政府一次一次地透支自己的公信力，才变成了今天这个样子，恢复公信力不是一天能完成的。

三、原因解析

(一)高考的重要性及高考阅卷工作相对较低的公开性

众所周知，高考的重要性不言而喻，舆论甚至用"一考定终身"来形容。在这样的背景下，高考在人们的心目中不能存在一丝闪失。现实中因高考发挥不佳造成人生命运截然不同的例子比比皆是。每年高考前一段时间，媒体关于高考的各种报道更证明高考在考生、教师、学校、家长、各级政府等心目中的重要性。以一切为高考让路来形容高考那几天的社会生活也不为过。

另外，从当前的高考阅卷、复查机制来看，因为涉密等级较高，影响力大，公开程度会相对较弱，复查机制也要遵循严格的规定才能执行。高考的重要性与其相对神秘的公开透明性形成鲜明对比，在信息不对称的情况下，任何对高考公平质疑的声音，都容易引起舆论情绪的波动，甚至是焦虑，而这也是该事件被曝光后，舆论呼吁彻查的重要原因，以更加公开的机制促进高考公平。

(二)学生面临的过大学业压力和诚信教育意识不足的矛盾

高考被看作中国学生的一个重要人生转折点。很多学生从小被灌输"一考定终身"的思想，高考的重要性以及全社会对高考的期待，使得广大高中生面临巨大的压力。这些压力有很大一部分来自对别人期望和要求的认知，以及和别人比较的压力，不论是来自学校还是父母的期待都使得高考的重要性不断提升，也使得高中生面临的压力越来越沉重。

部分家长对高考的过度期许，更是无形中让一些高中生对高考产生了畸形认识，他们以为只要得到理想的分数就好，如何得到分数倒成了不够重要的问题。而当前环境下，诚信教育虽有提及，但是对于不诚信学生的处罚力度很小，甚至有些学校为了一些原因会对"成绩优异"学生的不诚信学习成果包容、姑息。在这些认知和行为偏差的驱动下，抛弃诚实而去追求虚假的"高分"成为他们的选择。这样的虚假现象，同时也促使家长对孩子的期望值更高，最终形成一个恶性循环。此外，学校和家长对孩子缺乏诚信教育，也是导致此事件的一个重要原因。

(三)个体维权意识的觉醒以及网络对信息传播的助力

维权意识是指维护个人或群体的合法权益的认知。社会进步是促使人们更多了解自身合法权益、维护自身合法权益的主要驱动力。自改革开放以来，我国经济不断发展，社会生活日趋丰富，人民的个体维权意识也逐渐觉醒并不断得到强化。进入 21 世纪，随着信息技术的不断发展，人们获取信息的方式不断多元化，这为个人合法方便获取多种信息、保护合法权益提供了便利条件。这样的客观环境，让人们在面对问题和质疑时，总会先问个"为什么"。本次事件的曝光，从深层次看就是家长和学生对自己知情权的维护，是个体维权意识觉醒的典型案例，也是家长和学生要求有关部门核查的动力所在。

此外，本次事件的爆发和传播也显示了网络对信息传播的助力作用。据媒体和网民反馈称，舆论场上关于质疑高考分数的消息以前也偶有发生，但大部分事件都止于"有关部门"的核查，没有引发大规模的关注，然而本次事件能够引起高度关注，与互联网的助力密切相关。在媒体传播过程中，除了官方媒体、官方网站外，其他媒体也起到了特定的作用，特别是一些自媒体账号的炒作和推波助澜，让该事件的舆情热度在短时间内迅速爆发，这一特点值得引起舆情观察者和管理者的高度注意。

(四)中等收入群体对"教育公平焦虑"的具体体现

当前，中等收入群体成为舆论场中主要发声的人群，他们对有关医疗、教育、住房等民生议题的关注度较高，该事件迅速引爆舆论场。这与击中这部分群体的"教育公平焦虑"密切相关，这一群体不仅是一群旁观者，更是将自己代入到该事件中，综合分析个人的得失，并在其中将自身的焦虑情绪转化成观点，助推此次事件的舆情热度，表达民生诉求，以期能够推动高考更加公平。

四、舆情应对点评及建议

(一)舆情应对点评

综合而言，河南省教育厅快速掌握舆论发展态势，回应舆论关切；中共河南省纪委、河南省监察委员会及时介入，严肃调查，通报结果，不仅使得该事件的舆情热度快速消退，还维护了高考的权威和公正，增强了人们对高考公平的信任度，被舆论认为在高考史上具有里程碑的意义。其具体的经验做法集中如下。

1. 快速打捞民意，回应舆论关切

快速打捞民意，正面回应舆论关切，不仅能够赢得舆论应对主动权，还能缓解舆论的焦虑情绪，为后续工作奠定良好的基础。在此次事件的应对中，无论是河南省教育厅，还是中共河南省纪委、河南省监察委员会都充分重视民意，意识到该事件对高考公平公正的影响，并做出积极响应。其中，河南省教育厅在第一时间掌握

了涉事家长以及舆论反馈，并快速做出通报，表明严查此事的态度，满足广大民众的知情权，获得舆论充分肯定。中共河南省纪委、河南省监察委员会在调查该事后，迅速行动，采取有效措施，在舆情爆发后的第六天及时做出通报，不仅满足公众知情权，尊重群众利益，还以实际行动打消舆论的质疑以及民众对有关部门可能推脱、不了了之的顾虑。这些都是推动相关舆情热度快速消退的关键因素。

2. 权威部门介入，促进调查公正

舆情事件发生后，与事件毫无关联的权威部门介入调查，其调查结果更具说服力和权威性，更能获得舆论认可。在该事件中，涉事主体已包括河南省教育厅，如果由河南省教育厅自己来回应，容易遭到舆论质疑。在面对舆论质疑时，中共河南省纪委、河南省监察委员会的介入，不仅显示出有关部门的重视，同时防止了河南省教育厅既当裁判员又当运动员的尴尬境地，掌握了舆情核查处置的主动权，使相应的调查结果更具有公信力和权威性。

3. 重视细节表述，增强结果说服力

人民网舆情数据中心在《网络舆情》杂志中提到，一篇高质量的舆情通报需要描述清楚细节，同时通报要逻辑清晰，论证要有理有据。中共河南省纪委、河南省监察委员会发布的通报内容十分详细，不仅逻辑清晰，还逐一回应了舆论聚焦的"答题卡是否调包""笔迹是否一致""相关人员是否存在违规违法"等问题，让相应的论证结果有理有据，具有较强的说服力。此外，通报的最后还表明要依法依规、严格维护好高考的权威和工作。该通报不仅展现了调查部门的尽职尽责，同时也通过严密的论证和核查彰显了依法核查和处置的自信，获得了舆论充分肯定。

4. 体现人文关怀，彰显包容务实

人文关怀在舆情引导和应对中十分重要，甚至能决定舆情发展走势。本次事件中，当个别家长对高考公平质疑时，有关部门抱着负责任的态度，同时与涉事家长、学生一起快速核查并处理，本身就是人文关怀的一种体现。加上事件调查结果显示不存在调包，涉事学生和家长都存在不诚信的问题时，有关部门也并未进一步追究这些人在道德上的问题，而是将舆论注意聚焦高考的公平公正，这不仅是对涉事人的一种保护，更是通过包容和务实的做法增强了广大民众对高考制度的信心。

5. 借力多元媒体，增强信息传播力

在新媒体时代，"两微一端"已经成为权威信息发布的重要载体，能够克服传统媒体在时效性上的不足。在此次事件的权威信息发布上，相关部门不仅将权威信息发布在各自的官网上，还通过@河南教育等自媒体进行传播，不仅丰富了传播渠道，还能与广大网民实现在同一个平台上对话，增强了权威信息的传播力，有效遏制了谣言的扩散。

(二)舆情应对提升建议

从整个事件的发展以及反映的深层次问题来看,该事件的舆情引导和应对,特别是公信力修复,解决实际问题上还有提升空间,主要体现在以下三个方面。

1. 追根溯源,防止线下向线上扩散蔓延

从媒体报道的内容显示,此次事件一开始仅仅是在线下发生和处理,但由于相应的复查机制和结果并未获得学生和家长的满意,最终导致了事件信息向线上蔓延,影响力不断提升,引起了全国人民广泛关注。最后在有关部门的通力合作和严肃核查的情况下,消除了舆论质疑。试想,如果当问题没有蔓延至线上,在线下就采取更有效的措施回应家长和学生关切,就不会引起一场质疑教育公平的危机。类似这样由线下蔓延至线上的舆情事件偶有发生,其发生的根源主要集中在三个方面:一是相关部门没有充分认识到事件的重要性,应对处置时敷衍塞责;二是处理结果缺乏公平公正,维权主体认为个人权益受到侵害;三是为严格践行协商结果,引发涉事主体情绪反弹,最终通过网络途径维权,用舆论倒逼涉事部门落实协商的承诺。针对这样的现状,建议有关部门需要充分从此次事件中吸取经验,在解决线下问题时,需要对事件的风险性进行充分研判,在处理问题时要充分沟通,做好公开透明,在满足广大民众知情权的同时,获得他们的理解,化解矛盾,并严格落实相关承诺,从根源上防止矛盾从线下向线上扩散蔓延。

2. 遵守程序,用实际行动维护调查客观公正

在舆情引导和应对中,适当的主体和适时的发声,不仅能够保证权威信息输出的一致性,还能防止次生舆情发生。然而从此次事件的整体应对来看,河南省招生办公室发布的《致全省招生考试战线同志们的一封信》的做法值得商榷。此次事件已进入纪检监察部门调查阶段,从程序而言,最适合发声的是纪检监察部门。在调查期间,任何涉事一方发声,不仅不能获得舆论认可,反而会招致舆论质疑有关部门是否"心虚",通过舆论压力影响调查结果。从舆论反馈来看,该发布会在短期内确实遭到部分舆论的质疑,甚至用"心虚"来形容有关部门。此外,从信的内容来看,此信针对的主体是河南全省招生考试战线的同志们,被部分网民批评该主体不妥,认为考试招生办公室应该是对广大民众负责,而不是招生考试战线的同志。这些质疑和批评声,使得相关舆情热度进一步提高,负面情绪比重有所提升。该事件的舆论反馈,也在提醒有关部门在舆情应对和引导中,需要充分研判,重视发声主体是否适当,时间是否适宜,这样才能较好规避次生舆情发生。

3. 尊重规律,解决问题第一、舆情引导第二

在舆情引导和应对中,要遵循解决问题第一、舆情引导第二的原则。此前在"雪乡宰客"事件中,管理部门将舆情防控放在第一位的消息,广被舆论诟病,就是最好的例证。在本舆情事件的处理上,相关部门回应舆论关切,通过权威调查

解决个别学生和家长的质疑，值得肯定。但通过深思会发现，这只是该事件反映的表层问题。而深层次的问题是人们对高考分数复查机制以及高考公平的焦虑。针对该情况，建议有关部门将此案例作为典型，召开座谈会，邀请有关专家参与，研究其背后反映的深层次问题，不断深化改革，完善复查机制，让高考制度赢得更多民众的认可和支持，其公平公正为更多学子打造更广阔的舞台，激发学子们的聪明才智，为实现中国梦提供智力支持。

英雄不问出处，以人才为导向，力破本科非名校鄙视链——常州大学一宿舍全部考研成功被讽"本科非名校"事件网络舆情案例分析

【总述】教育领域的鄙视行为由来已久，钱钟书先生就曾在《围城》里调侃专业之间"理科生瞧不起文科生，外国语文学系瞧不起中国文学系"的鄙视现象。社会资源、地位的不平等，维护自尊、寻求认同的心理驱动，先入为主的刻板印象等都对鄙视态度的滋生、强化产生了影响。当前，人才价值评估出于成本考虑，"高校鄙视链""专业鄙视链""学历鄙视链"贯穿到社会生活的方方面面，常州大学事件暴露出的"本科非名校鄙视链"即是一例，且类似现象越来越普遍，对社会风气、人才进阶产生了日益深远的影响。"本科非名校鄙视链"是教育问题，本质却是社会问题。本文从现象出发，剖析"鄙视链"形成的原因，并探讨可行的解决思路，以期提供参考。

一、舆情概述

(一)事件概述

4月10日《现代快报》报道称，常州大学白云校区一男生宿舍，8名同学全部考上研究生，宿管阿姨挂起"热烈庆祝储运142班302室全体考研成功"的横幅庆祝。此事被媒体报道后，引发网友热议，部分网民嘲讽称"本科非名校考上'985'也没用""可惜求职给不给笔试机会还是看你本科学校"等。

(二)舆情特征

据舆情监测系统数据显示，截至5月1日，相关网站新闻71篇，报刊5篇，论坛18篇，博客9篇，微博34条，微信49篇，App 131篇。其中App、网站和微信三类平台的比重分列前三位，占比分别约为41.32%、22.40%、15.46%（图2-5-1）。

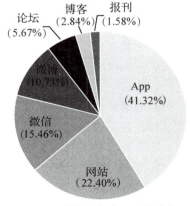

图2-5-1 "常州大学一宿舍全部考研成功被讽刺"各媒介分布图

　　监测区间段(4月9日—5月1日)内，相关消息主要在 App、新闻网站上传播，总体舆情热度在 4 月 13 日前后出现峰值，4 月 16 日前后出现一轮小幅波动，走势波动主要受主流媒体报道、评论影响。可见在对此类议题的讨论中，媒体依然是舆论场信息的主要提供者，在社会风向的引导中发挥着"压舱石"的作用，同时微信平台势头猛进，对民意的打捞作用不容小觑(图 2-5-2)。

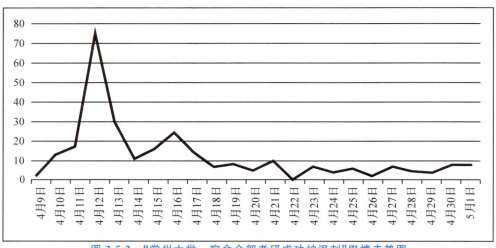

图 2-5-2 "常州大学一宿舍全部考研成功被讽刺"舆情走势图

二、舆论反馈

(一)媒体及专家观点解析

1. 问题根源在于用人单位的偏见

　　《中国青年报》评论称，在高校研究生扩招的背景下，硕士文凭在初次求职时的作用被稀释了。不少用人单位以"第一学历"筛选简历。同样一所名校的学生，参加同一场招聘会，甚至各方面素质都差不多，结果有人被最终录用，有人在简历关就被淘汰，差的就是"第一学历"，这在当前粗放化的用人单位招聘中并不鲜见。《楚天都市报》评论称，非名校生考研遭嘲讽，根源在于某些用人单位的偏见。有的名校博士只因本科是名不见经传的学校，毕业找工作时屡屡受挫；还有人事部经理自曝内幕，非"985"大学生的简历直接投入垃圾桶。就是这么简单粗暴，很伤自尊却又叫人无奈，用人单位称之为择优录取，维权都没法下手。

2. 警惕"读书无用论"侵害年轻学子

　　《中国青年报》评论称，以"有用"或"无用"来衡量考研的意义，是站在功利视角的二元划分。是通过硕士文凭找工作有用，还是开启独立学术生活有用？争论非名校生考研有没有用，恐怕是瞎操心。考研的意义在于争取机会平等，表达对高层次教育的向往。在任何时候，机会公平的价值都不应该被低估。红网评论称，在这些非名校依然考上好学校的学生的身上，我们最不能忽视的是他们的努力。他们明白自己想要什么，接着拼尽全力去达到目的。"非名校考上'985'高校研究生也没用"是在嘲笑努力，是一种病态的价值观。东方网评论认为，在这个提倡兼容并包、三百六十行皆能出状元的时代里，我们不鼓励所有人都去考研究生，但我们也不能陷入另一个极端，不分青红皂白地贬低和妖魔化研究生群体。我们要警惕这种思潮诱发新一轮的读书无用论，警惕这种观点侵害正值大好年华的年轻学子。

3. 通过正当渠道取得的成功都应被认可

《人民日报》评论认为，"985""211"在一定程度上可以衡量一所高校的质量与水平，但并不是考核大学生优秀与否的唯一标准，更不应作为权衡学生价值高低的唯一砝码。如今，大到国家战略，小到个人经历，都体现了不以"高校出身"论高下的思想理念。只要通过自身努力辅以正当渠道取得成功、实现梦想，就应当被认可和鼓励。

(二) 网民观点

整体来看，网民对"本科非名校考研成功遭嘲讽"现象持批评态度，55％的网民明确反对，其中超三成网民认为努力不分三六九等，任何人的努力都应得到尊重，为考研成功的同学点赞，超两成网民认为讽刺的网民多出于"酸葡萄"心理，无须理会。同时，一成多网民认为歧视的根源在于招聘单位的偏见，超两成网民对企业差异化招聘表示理解，认为重点高校和普通高校之间确实存在差距，企业基于信用机制招聘，可以理解。此外，也有近一成网民认为，无论是本科名校，还是考研成功，都不是终点，能被社会认可最终还是要看能力（图 2-5-3）。

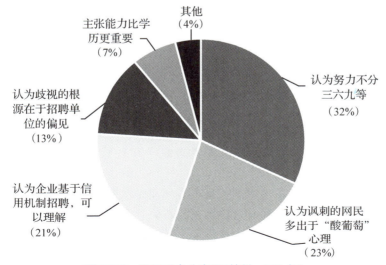

图 2-5-3　网民观点分布图（抽样：500 条）

1. 认为努力不分三六九等

网民@高桥健一君：努力不分三六九等，应尊重每个平凡人的努力。

网民@打不败的简中刚：任何人都没有资格去嘲笑为改变命运而拼搏的人。

网民@李江涛：考研是为了突破周遭环境桎梏，尽可能与优秀的人站在同一起点，单从这一点出发，我们应该尊敬这些勇士们。

网民@钱小泉：不要认命，学习是终身的事，每个人的人生发力阶段都不一样。越努力的人越幸运，付出就有回报，为他们点赞！

2. 认为讽刺的网民多出于"酸葡萄"心理

网民@是豆芽儿了：那些讽刺的人就是吃不到葡萄说葡萄酸。

网民@快乐冬泳人：网上非议别人努力是不道德的行为，我相信不管是机会还是好的岗位都是会留给那些努力拼搏的人的。

网民@肥鱼快乐兴Xback：那些说努力没有用的人，恐怕自己本身并不优秀。拉低别人来抬高自己，寻找优越感，有点可悲。

3. 认为企业基于信用机制招聘，可以理解

网民@Manthu：重点院校的优秀学生还是比普通院校多，这是不可否认的，出于信任机制和招聘成本考虑，用人单位的做法也是可以理解的。最大的不公平在于国家教育投入不公平带来的马太效应。

网民@夜散眼是晨晨：本来就存在差距啊，本科双非就是很弱啊，为啥不承认。找工作的时候有歧视也是因为能力有差距，为啥逼人家公司不看本科就要你。

网民@面包与猫咪好天气：曾经我也这样认为，觉得只录用"211""985"不公平，直到后来，我工作后因为某些原因选择了考研，进了一所top 10的"985"，才知道什么叫差距。

网民@Xurong：企事业单位对不同高校毕业生的态度其实也可以算制度信任的一种表现吧。也许企业通过招聘难以足够了解一个应聘者，所以倾向于选择制度选拔出的学校和制度选拔出的学生，这也是用人单位给自己的一重保险吧。

4. 认为歧视的根源在于招聘单位的偏见

网民@沃兹基·晨：这种歧视主要来源于某些特别看重出身学校的招聘单位。

网民@飞翔滴苞米苲子：讽刺不是本意，而是讽刺这个社会。

网民@阿一洗铁鹿：确实有这种鄙视与不公，需要我们承认并进行反思，尽力让社会和一些公司做出回应与一定程度上的改变，而不是在这里自我安慰。

5. 主张能力比学历更重要

网民@文文欧巴：因为学历而看得上你的人，最终还是会因为学历而看不起

你，最主要还是看能力，学历只是敲门砖罢了。

网民@总攻大人思密达：考研成功、本科名校都不是终点，而是竞争的新起点，最终还是要看能力。

6. 其他

网民@否定的思考："985"高校学生去哈佛、耶鲁是不是也会被鄙视啊？

三、原因解析

(一)社会层面：资源、地位不平等滋生鄙视态度

本科非名校鄙视链是教育问题，本质却是社会问题。据教育部 2018 年 6 月 14 日公布的《全国普通高等学校名单》，截至 2018 年 5 月 31 日，全国高等学校共计 2 914 所，其中"211""985"学校共 112 所，占比不足 4%，而总数不到 4% 的学校，却拥有 85% 的国家重点学科和 96% 的国家重点实验室，占有近 70% 的科研经费。名校拥有更多的教育资源，也能够培养更多高层次人才，出身名校成为人才评价体系中一个具有公信力的指标。同时，在高校研究生扩招的背景下，硕士文凭的作用被稀释，导致千军万马过独木桥的高考模式在评价体系中的重要性更甚。不少用人单位出于招聘成本、培养成本的考虑倾向以"第一学历"筛选简历，造成非名校学生在职场中受到歧视，这是鄙视存在的根源。

(二)动机层面：寻求认同的心理驱动维持鄙视态度

著名社会心理学家亨利·泰弗尔（Henri Tajfel）于 1986 年提出社会认同理论，人们天生就喜欢区分出"我们"和"他们"，只要分出了不同的群体，就会自发地产生内群体偏好以及外群体歧视。内群体偏好的本质是维护自尊，如在对本科非名校学生的嘲讽中，部分人拥有较好的教育背景，站在"我们"的立场对本科非名校的"他们"进行歧视，借此得到"我有你没有"的虚妄自尊心。与此同时，也有大量网民并没有更好的学历背景，嘲讽其实是对自身发展的不安与焦虑，也有人在对其他人的"努力"进行嘲讽的过程中，为自身"不努力"寻找借口，获得心理安慰。

(三)认知层面：先入为主的刻板印象强化鄙视态度

高考对国人意义重大，高考的目的是以客观、公平、公正的方式去选拔人才。只要是考试就必然会有考好考不好之分，虽然一次成绩不能代表一个人的全部实力，但在一定程度上可以反映其过去的努力程度与学习能力。名校数量有限，考入名校是一个人实力的证明，同时也意味着将获得更好的教育资源，接触到国内甚至国际上顶尖的学术大牛。长远来看，进入名校对个人品性、修养、文化底蕴都是一种很好的滋养，先天优秀，加上后天培养，"马太效应"显现，这是名校本科生备受青睐的主因。名校出身的人自带"光环"本无可厚非，但在社会资

源有限的情况下，导致社会形成了"好学校一定培养好学生"的刻板印象，也形成了对本科非名校学生的歧视。

四、舆情应对点评及建议

（一）鄙视行为由来已久且已泛化到社会方方面面

"鄙视链"（chain of contempt）一词最早见于《南方都市报》2012 年 4 月 7 日"城市周刊"专题《鄙视链——生活中那些微妙的优越感之社会心理分析》，文章描述了当今网络社会中反映出的一种自我感觉良好而瞧不起他人的现象。

教育领域的鄙视行为其实由来已久。2017 年 10 月，一篇题为《对不起，我本科不是北大的！》的文章在网络热传，文章描述的"清北＞985＞211＞一本＞二本＞三本＞专科"高校鄙视链备受认同。除了学校之间的等级之分，不同专业之间也存在着"鄙视链"。百年前，钱钟书先生在《围城》里调侃专业之间的鄙视现象时称，"理科生瞧不起文科生，外国语文学系瞧不起中国文学系，中国文学系瞧不起哲学系，哲学系瞧不起社会学系，社会学系瞧不起教育系，教育系的学生没有谁可以给他们瞧不起了，只能瞧不起本系的先生"。在广义的评价体系中，名校、高学历、优势专业的毕业生往往能被赋予更大的光环，获得某些天然利处——这是很多在普通院校默默奋斗的学生难以企及的。人才价值评估出于成本考虑，将"高校鄙视链""专业鄙视链""学历鄙视链"贯彻到社会生活的方方面面。

当今，"鄙视链"如同自然环境中的食物链一样，已经扎根于网络社会的角角落落，以至于有网民感叹，"不管承不承认，我们都有意或无意中被拉进了'鄙视链'的某一层，鄙视别人并且被别人鄙视"。例如，在互联网行业中，公司之间首先存在"鄙视链"：BAT＞老牌互联网公司＞新三板＞AB 轮融资＞天使轮＞零融资；互联网公司内部也存在"鄙视链"：技术＞市场＞产品＞运营＞编辑。在网络社交中，平台之间存在"鄙视链"：Twitter/饭否＞新浪微博＞腾讯微博＞搜狐微博＞网易微博＞天涯微博等其他微博；论坛存在"鄙视链"：豆瓣＞天涯＞猫扑＞贴吧＞门户类论坛；聊天工具存在"鄙视链"：Gtalk＞MSN＞微信＞QQ＞飞信。还有网民指出，"知乎鄙视上述一切社交网络以及不上任何社交网站的人最具有自我优越感"。就连相亲也有"鄙视链"，拥有京籍京房的，鄙视非京户、没房的，房子在城六区的，瞧不上房子在北京周边的。

从中国社会近几十年的发展看，"鄙视链"的出现与蔓延同中国高速发展带来的社会变迁和群体分化有关。改革开放 40 年以来，中国特色社会主义市场经济得到了长足的发展。与此同时，社会利益格局深刻调整，不同利益主体开始分化，新的社会阶层也随之出现。"鄙视链"名称各不相同，但反映的多是占有优质的资源者和所谓"成功人士"对不如他们的人赤裸裸的轻视。

在文化、兴趣领域，"鄙视链"的形成离不开社群的集结以及排他属性。有分析指出，"鄙视链"人群分三类：一种人群由于行为习惯或成长环境的差异性，在网上寻觅到自己的同类或者圈子时，对通俗意义上的大众文化增强了反感和不苟同，继而形成抗拒或鄙视；另一种人群则是出于本身对小众文化圈的向往而自然而然地鄙视其他文化圈；最后一种人群仅只是想把自己和别人相区分从而获得满足的心理，通过抨击别人来表现自己的与众不同。

(二) 引导建议

本科优势确实是通识教育的硬通货，然而经济发展尚有"弯道超车"的可能，繁复多姿的人生更不应在本科阶段就被"定势"。"本科鄙视链"之恶，在于它放大了一种可疑的身份依附关系，强化出身、固化定势，叫人有梦不敢追、有路不能行。社会学意义上的代际固化值得警惕，学术领域的"本科鄙视链"更不能骄纵，这需要国家与社会更迭理念、完善法律法规，真正因材施教，真心唯才是举。

1. 部分差异由先赋条件所致，应加强统筹，防止资源分配不公

在社会主义市场经济条件下，因自由市场竞争导致的分化和差异有一定的必然性。差异的产生有时候是由于先赋条件所致，如中西部偏远地区的地理位置、交通、自然环境等客观情况；但很多时候也跟公共资源的不均衡分配有关，如地区之间优质教育资源的集中程度等。这些因素，有的是客观存在的，有的是历史形成的。对于"鄙视链"现象，作为主导公共资源分配的政府，首先需要防止分配不公，加强统筹协调，防止资源过度集中在少数人手上，更多照顾社会中的弱者，为每个人创造公平的发展机会。

2. 相关规定约束力有限，有赖于部门联动制定可行规范

面对用人单位的学历歧视，我国已出台《中华人民共和国就业促进法》进行约束，但目前法律规定过于笼统，现实操作难度较大。2013 年 4 月，教育部也发出通知，明确指出"严禁在招聘中出现'985''211'等院校歧视字眼"，但相关通知对多数企事业单位缺乏约束力，问题难以得到有效解决。针对学校、学历的鄙视，仍有赖于相关部门联动配合，制定出切实可行的行为规范。

3. 社会风气尚待引导，需强化核心价值观推动舆论正向发展

在社会层面，应对"鄙视链"现象积极引导。第一，在社会主义初级阶段，市场机制应当进一步发展与完善，鼓励创业创新，不断增进社会的自由和活力。第二，社会舆论方面，应加强社会主义核心价值观引导。个人的成功固然对社会有积极意义，但人们在追求自我实现的同时，应懂得分享、谦卑和帮助弱者，而不能把成功转化成居高临下的傲慢，转化为对社会其他成员的鄙视。

4. 鄙视行为扎根社会方方面面，个人应以优质表现击破歧视

"鄙视链"已经扎根于社会生活的方方面面，在一个领域处于优势的人，在另

一个领域，可能处于劣势。"天行健，君子以自强不息"，同时也讲"厚德载物，雅量容人"。一个人可以也应当在社会生活中追求成功，但却不能把自己在经济领域的成功或者优势转化为对他人的鄙视，尤其不能形成一种阶层鄙视。在某一时间、某一领域处于鄙视链底层的人也不应气馁，本科非名校的学生，可以在社会实践上胜出，通过实践经验、科研成果等展示学习成果，以更好的表现来让人信服。

统筹规划化解教育资源不足和分配不均问题——耒阳学生分流事件网络舆情案例分析

【总述】耒阳学生分流事件是一起典型的地方主管部门贯彻落实中央政策不当，未与涉事主体良好沟通，达成一致意见，导致线下矛盾向线上扩散的负面舆情事件。湖南省委省政府和教育部的及时介入和准确定性，扭转了事件发展态势，获得了舆论好评；耒阳市教育局等相关部门对消除大班额的举措，公安部门对因此事维权的家长的处理措施等负面评论声较高。鉴于该事件是教育改革过程中，地方未能较好贯彻落实中央政策精神，做好因地制宜和配套措施而引发社会矛盾导致的舆情事件，在深化改革过程中具有一定的典型性和代表性。该案例中在遇到贯彻中央和国家政策时，需要统筹规划，加大教育投入，完善与之相适应的配套措施；在地方发布和执行层面要兼顾各方利益，寻求最大公约数；在舆情处置层面上，把握好信息发布时、度、效，提升舆情处置效果等拔高的举措和技巧在类似舆情事件的引导处置中具有重要的启示意义和借鉴作用。

一、舆情概述

(一)事件概述

2018 年 8 月 28 日，网民爆料家长们带着孩子去湖南师大附中耒阳分校报名时，发现教室中刺鼻气味明显，宿舍没有完成装修，引发家长学生不满。

9 月 1 日，耒阳市城区部分学生家长因对大班额化解分流方案及相关工作不满，先后到耒阳城区 6 所学校、市委及 107 国道拉横幅聚集、堵路，造成耒阳城区部分路段堵塞。

湖南耒阳市教育局 9 月 1 日发布通报称，针对部分网民在网上发帖传言湖南师大附中耒阳分校新宿舍装修甲醛超标一事，已邀请权威检测机构对湖南师大附中新宿舍楼等进行检测（预计 9 月 2 日出结果），检测结果将第一时间向社会公布。

9 月 2 日零时 30 分许，现场民警依法强行驱散非法聚集人群，并控制 46 名带头冲击公安机关的人员。

9月2日，湖南省委省政府主要领导对耒阳市部分群众聚集、反映学生相关诉求一事高度重视，做出批示，要求省教育厅、省公安厅、衡阳市委市政府领导赶到现场调查处理。

9月3日，耒阳市委市政府就化解大班额问题回应学生家长诉求，提出妥善解决问题的方案。做到确保不额外增加家长负担，确保不影响学生身体健康，确保学生正常就学。

9月6日，教育部发言人回应湖南耒阳事件，称消除大班额任务是刚性的，在确保学生利益的前提条件下，积极稳妥地推进这项工作。要求当地教育部门配合当地政府采取有效措施，尽快解决问题。

9月8日，衡阳市环境监测站、湖南亚柏技术管理咨询有限公司、衡阳市衡安职业卫生技术服务有限公司三家专业检测机构向耒阳市递交了湖南师大附中耒阳分校分流学生寝室甲醛检测报告。检测结果显示，随机抽样检测的寝室甲醛含量均未超标，符合健康人居环境标准。来自各分流学校的17名学生家长代表全程参与监督甲醛检测过程。

(二)舆情特征

据舆情监测系统数据显示，截至9月12日，关于湖南耒阳学生分流事件的相关网站新闻1 023篇，报刊63篇，论坛373篇，博客30篇，微信1 074篇，微博2 851条，App 1 183条。其中，微博、App、微信三类平台的比重分列前三位，占比分别约为43.22%、17.94%、16.28%。值得注意的是，自媒体平台的比重近八成，是典型的在自媒体中传播，引发舆论广泛关注的事件(图2-6-1)。

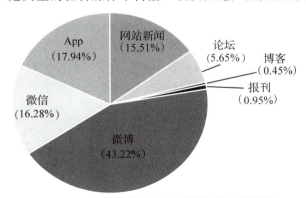

图2-6-1 "耒阳学生分流事件"各媒介分布图

监测区间段(8月27日—9月12日)内，相关信息主要在微博等自媒体中传播，相关舆情第一次峰值出现在9月2日，这主要与湖南省委省政府批示该事件、耒阳市委市政府回应学生家长诉求得到广泛关注相关。9月8日的第二次峰值主要与学生分流宿舍甲醛检测报告公布得到广泛传播相关。随后舆情热度快速消退，目前，该事件舆情热度处于相对稳定状态(图 2-6-2)。

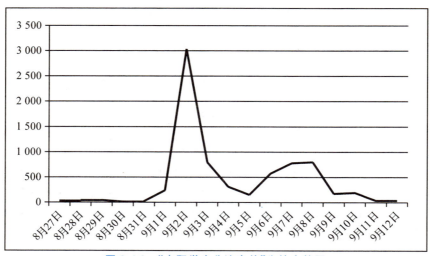

图 2-6-2　"耒阳学生分流事件"舆情走势图

二、舆论反馈

(一)官方回应综合

1. 湖南省委省政府要求妥善处理耒阳群众相关诉求

湖南耒阳学生分流事件发生后，湖南省委省政府高度关注，要求省教育厅、省公安厅、衡阳市委市政府领导赶到现场调查处理。9 月 2 日红网刊发文章《湖南省委省政府要求妥善处理耒阳群众相关诉求》重点报道了湖南省委省政府主要领导对耒阳市部分群众聚集、反映学生相关诉求做出的批示。报道称，省委省政府要求，对群众反映的诉求，都要认真听取、合理采纳，同时做好细致的思想工作，确保开学正常秩序。省委省政府强调，对此次事件中的违纪违规行为，将进行调查处理，确保社会正常秩序和稳定。

2. 教育部认为要因地制宜、积极稳妥消除大班额

9 月 6 日，教育部发声回应耒阳学生分流事件。新华社、中青在线刊文称，教育部对于消除大班额的方向是明确的，任务是刚性的，在方式方法上应该是因地制宜、积极稳妥的。所以，希望各地能够继续高度重视这项工作，统筹各方力量，加大工作力度，同时在制定方案时要广泛征求意见，在确保学生利益的前提条件下，积极稳妥地推进这项工作。

3. 耒阳市承诺对分流学生学费将严格按照公立学校标准收取

9 月 3 日，《湖南日报》要闻版对此也做出重点报道。澎湃新闻刊发文章《耒

阳官方回应：对分流学生学费将严格按照公立学校标准收取》称，对于学生家长反映的师大附中耒阳分校部分新装修宿舍有异味、甲醛超标的问题，耒阳市将聘请专业权威检测机构，按法定的标准和程序进行检测，将会邀请学生家长代表参与和监督。对于检测甲醛超标的宿舍，学校应聘请专业治理机构进行治理，不达标，学生不入住。对于学生家长反映的师大附中耒阳分校的收费问题，对分流学生学费将严格按照公立学校标准收取，不增加家长额外负担。

（二）媒体观点解析

1. 重视学生利益是改革的前提

《新京报》评论文章《"确保学生利益"也是各项教育改革的前提》指出，教育改革已步入深水区，但无论教育改革具体怎么实施，人们衡量教育改革成效的标准依然很朴素。例如，在义务教育阶段，孩子上学是否更方便、更容易了，可能就是首要的评判标准。换言之，一切教育改革以及政策调整，都坚持以学生利益为前提，这也是社会的殷殷期待。

2. "大额班"分流问题做好统筹规划

《农民日报》撰文《解决城镇"大班额"不能仅靠突击分流》分析了耒阳"消超分流"几个关键性的问题需要明确：一是分流初衷；二是义务教育；三是基础准备。文章指出，耒阳"大班额"引发的矛盾不会是个例。对于这种发展中的情形，地方上无论如何都应做好预判，提前想好应对之策，如此才能在经济社会发展中留有回旋的空间和余地，而不至于等到人口已经积聚到相当大的密度，"大班额"不可收拾的地步，再临时应付。

3. 校园应该是最安全阳光的地方

《中国教育报》文章《把校园建成最阳光最安全的地方》指出，健康是青少年全面发展的基础。家长关注孩子健康，担心甲醛超标伤害孩子身体，这是人之常情。事实上，不独家长，无论是学校还是职能部门，都应把孩子健康放在重中之重的位置。如果不能保障学生健康，遑论健康校园、健康中国？《现代金报》表示，开学季变"多事之秋"，究其原因，有历史遗留问题，有管理能力不足的问题，有责任心缺失的问题，有沟通不畅的问题，教育存在问题不可怕，可怕的是明知有问题还不作为、慢作为，甚至上推下卸、敷衍塞责、养痈遗患，坐视问题变痼疾，直到形成舆情事件才乱了手脚。

4. 城市公共服务供给不足及地方财政问题或是引发该事件的原因之一

《钱江晚报》分析称，教育基础配套一时跟不上，解决大班额问题，分流就成了急就章。但是，任何政策的出台，首先要考虑的是人民的利益和需求。教育是很多家庭的头等大事，在实施这个过渡方案时，政策的制定是否合理？细节是否完善？监督是否跟上？出现超大班额的根本原因是教育资源分配的失衡以及城镇化带来的城市人口增加。消除大班额，最直接的解决方法就是新建、扩建学校，增加学位。在补足短板的同时，要尽可能地消除阵痛带来的隐患，尤其是涉及基础民生问题，平息家长的怒火靠的不是压，而是疏导，要真心地听取他们的诉求和意见，真正地解决实际问题。财新网称，面对迟滞的公共教育资源配置，政府财政或难以负担。近年来，由于煤炭行业持续低迷，耒阳经济增速大幅放缓，财政状况也急剧恶化。2008 年以来，耒阳市中心城区只新建了市实验中学一所学校，无法满足人民群众对公办教育资源的需求。经查，当地教育局、财政局2012 年、2013 年决算和 2014 年预算，呈逐年下降趋势，2014 年预算与 2012 年决算对比，减少了近四成。

（三）网民观点解析

　　网民对此事关注度较高，观点偏负面，主要聚焦地方在学生分流过程中存在的问题。近四成网民质疑当地违背义务教育政策，强制学生分流；超两成网民质疑当地政府民生投入不足；近两成网民认为存在教育资源分配不均；超一成网民认为相关部门前期未重视家长诉求；近一成网民猜测甲醛超标，担心学生安全（图 2-6-3）。

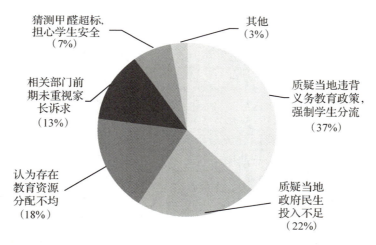

图 2-6-3　网民观点分布图（抽样：500 条）

　　1. 质疑当地违背义务教育政策，强制学生分流

　　网民@黑衣者：耒阳的事，我觉得就属于民愤极大的事。九年义务教育阶段，地方政府是有义务要保证孩子们享受公办教育的。可是，耒阳市这个地方居然迫使一些想上公办学校的孩子不得不去读民办学校，为此不得不支付高额的学费。这是办的哪门子九年义务教育？

　　网民@布拉德佩奇：问题终归出在政府身上，兴办这么多私立学校，还引进师大附中，使得良好的教育资源都在私立学校，然而私立学校收费又贵。家长们能安心吗？

2. 质疑当地政府民生投入不足

网民@农夫乡拳1970：城市建设只知道搞大搞豪华，城市配套无，民生规划是零，不出冲突才怪。

网民@河床兄弟：城市治理能力和服务能力跟不上农村人进城的需要。花在教育和医疗上的钱太少了。

3. 认为存在教育资源分配不均

网民@翠妞是个妞：师资不匀是很大问题，最基本也最重要的东西都搞不好。

网民@话江湖画江湖：说实话对于教育资源分配的问题确实值得引起社会的关注！随着计划生育实施的效果在这几年的显现和年轻人外出打工不断带孩子涌入城市导致出现许多地方乡村学校生源出现空缺，城市生源拥挤、上学难的现状。这样在一些大城市周边催生了一大批外行加入教育行业大搞私立学校，只管从中捞取金钱而不管孩子教育。

4. 相关部门前期未重视家长诉求

网民@广东风之龙：简单百度了一下，发现之前耒阳的部分学生家长和教育部门已经就大班额化解一事，展开过多次讨论，也开过听证会，最后导致事件的原因，可能就是学生家长没有得到一个明确的答复，或者觉得师大附中离市区太远，而且也是刚建成的学校吧。

网民@suhkdkn：为什么总是出现问题再解决问题，为什么不能从源头抓起，杜绝发生。

5. 猜测甲醛超标，担心学生安全

网民@溜达小布丁：湖南耒阳市政府把公立学校五六年级的学生分流到民办学校，家长被迫承担高昂学费。学校刚装修，甲醛超标。家长被逼上相关单位讨说法。

6. 其他

网民@勇敢无敌Cafe：什么时候耒阳的社会闲散人员可以多到把县城最宽的十字路口全堵了。

三、原因解析

（一）舆情爆发的原因

1. 城市快速发展，教育投入少且难以匹配是根本原因

耒阳市的房地产版图上，已然划分了水东江片区、铜锣洲片区、武广新城

片区、灶市片区、南城片区等多个城市组团。2016 年，湖南广播电视台经视频道曾对耒阳城区"大班额"现象曝光，引起了强烈的社会反响。耒阳城区人口由 20 世纪 90 年代初的不足 10 万人，骤增到了现在的 50 余万人；城区中小学生由当时的 2 万余人，增加到了目前的 11.9 万人（占全市中小学生总人数的 60.1%），增长之快、幅度之大，在全省绝无仅有。而城区公办学校，20 多年来却仅新建了一所实验中学。另据第一财经、观察者网报道，6 月份，有网民在红网百姓呼声栏目中留言："6 月 1 日了，辛苦了一个月，但 5 月份的工资一分钱都没发，据说 6 月份的也没有，到底要什么时候才发，我们怎么生活？"媒体称，耒阳市经济发展结构单一，受煤炭持续低迷的影响，财政收入大幅度下滑，但支出不减，是导致工资发放延迟的主要原因。2018 年当地政府工作报告称，刚性支出增速明显高于可用财力增速，保工资、保运转、保民生的任务仍十分艰巨。从这些背景和资料可以看出，难以匹配的财力支撑和教育投入是造成该事件的根本原因。

2. 听证和解决方案忽视家长意愿引发家长不满是重要原因

6 月 4 日，关于耒阳市下半年就读五六年级的学生分流的听证会如期举行。微信公号"耒阳在线"称"被代表"的听证会，屏蔽了"真实的民意"，而放大了自己"想要的民意"。据网民反馈称，此次听证会家长代表仅 10 名，其听证的科学性受到质疑。另外，耒阳市的解决方案，虽然能在短期内快速将大班额现象控制，但与公立学校相比，家长会在此过程中承受更多的经济压力。很显然，从这些情况来看，听证会流于形式，效果可想而知，相关部门的解决方案是将快速解决大班额问题的承压方间接转嫁给家长。突如其来的转变和压力，势必会引起家长的不满情绪，成为事件爆发的重要原因之一。

3. 处置简单未能正面回应民意诉求是引爆舆情的直接原因

在该事件的处置中，先是相关部门与家长进行沟通协商，但因双方难以达成一致，在这样的背景下，强行化解大班额问题，造成了家长情绪的激化。家长为了维护学生的利益，联合起来进行集体维权，扩大了事件的负面影响。面对家长的维权，相关部门的处理方式过于简单，未能切实认识到维权的根源以及家长的合理利益诉求，而是从维护社会秩序和稳定的角度进行简单处置，虽然快速化解了维权造成的社会影响，但相关正面的处置宣传以及未能解决的教育公平问题让家长的不满情绪进一步被激化，推动事件舆情在网络中扩散，发展成为公共性热点事件。

4. 多种教育改革和甲醛安全议题备受关注是重要的助燃剂

该事件发生时，适逢学校开学的关键节点，校园安全、收费问题、教育公平、天价学区房等议题是媒体和家长关注的焦点，也成为舆论场上的敏感议题。

再加上随着人们环保意识的提升，人们对于新装修房子的甲醛安全问题，已经引爆舆论场，舆论场已经展开了一场住房环境安全的保卫战。化解大班额的学生分流举措，由于任务急、时间紧，多数分流的校区是新建的，势必会让家长对新装修校区的甲醛安全问题产生怀疑和担忧。另外，网络中又有个别家长爆料自家孩子的健康问题，虽然并未证明是新装修校区环境质量不过关导致，但在此特殊时期，势必会增加家长和社会的担忧情绪，成为该事件引爆舆论场的助燃剂。

(二)危机化解的原因

1. 湖南省委省政府及教育部的介入及准确定性为解决问题指明方向

面对事件舆情不断扩大的态势，湖南省委省政府的及时介入，并对事件的性质进行全面而客观地评估和定性，强调要尊重学生和家长的核心诉求；教育部对化解大班额问题做出人性化要求和精准解读。这些不仅体现了高层以人为本的态度，还通过高的政治站位，对事件进行科学定性，指出问题的根本矛盾，为耒阳市相关部门进行有效的应对指明了方向。这也成为后续舆情风险未进一步扩大，朝着积极沟通，化解矛盾问题的有利方向转变的重要原因。

2. 耒阳市委市政府以学生、家长利益为核心的科学解决方案是根本保障

耒阳市委市政府在正确方向的指引下，抓住减轻家长负担、保证学生健康、确保教育有序进行等学生、家长的核心诉求和利益，系统化制定相应的解决方案，完善配套措施，让学生和家长看到了有关部门解决问题的决心和毅力。后续，也公布了学生寝室的甲醛安全检测报告，在一定程度上让舆论看到有关部门在积极地去消解学生和家长的情绪。在以学生、家长为本的基础上，最大限度满足他们的合理诉求，并取得学生和家长的理解，恢复正常的教学程序，是推动相关问题和危机得到化解的根本保障。

四、舆情应对点评及建议

(一)舆情应对点评

综合而言，该事件的前期舆情引导问题较多，推动事件负面影响进一步扩大，使得相关部门的公信力受到质疑和挑战。在高层级部门介入及严格要求下，舆情朝着良好的方向发展，目前该事件舆情处于稳定状态。在该事件的引导过程中，有如下几个方面的经验教训值得注意。

1. 缺乏风险防范意识，促使舆情负面影响力扩大化

此次事件的爆发涉及教育资源投入、分配、安全健康等问题，近期发生的多起教育事件叠加进一步加剧了群众的教育焦虑情绪。特别是在聚集事件发生之前，耒阳市的教育解决方案被指忽视"百姓承受能力"，"消超分流"听证会"屏蔽真实民意"，民办学校收费高，强制分流等群众不满之声在当地论坛、微信朋友

圈大量传播。当地政府在决策制定之前没有科学、合理、充分地听取民意、考察民情，没有针对学生即将迁入的私立学校的办学条件和办学设施等硬件和软件方面进行认真的调研与考察，也没有给予相应的社会公示。涉及群众切身利益的重大决策，没有经过充分协商和沟通，对潜在的舆情风险重视不足，缺乏风险研判意识，这些都使得线下的矛盾延伸到线上，导致其负面影响扩大。

2. 信息发布措辞过于强硬，加剧舆论对立情绪

耒阳学生分流引发大批家长聚集，事件发生后，当地政府在官网上发出措辞强硬的回应"耒阳警方依法处置一起聚众冲击国家机关案件"，当地警方也发布通报表态回应，引发家长和网民情绪反弹。在舆情危机高峰期，涉事群众情绪激动，此时官方措辞强硬的回应就显得不合时宜，这样做非但不利于危机解决，反而加剧了官民情绪对立，甚至加深了警民矛盾。

3. 信息通报迟滞影响引导效果，调查机构缺乏权威性遭质疑

当地教育部门在舆情信息通报上迟滞影响舆情处置效果。湖南耒阳市教育局9月1日发布通报称，邀请权威检测机构对湖南师大附中新宿舍楼等进行检测（预计9月2号出结果），直到9月8日才公布结果。迟到6天的信息公布对于已经开学的新生及家长来说不利于情绪安抚。此外，当地教育部门邀请的权威检测机构为衡阳市环境监测站及当地的检测公司，第三方检测机构权威性不足影响检测结果的公正性，难以完全打消家长疑虑。

4. 落实国家政策时未能因地制宜，"一刀切式"执法易南辕北辙

媒体曝光耒阳产业结构单一，财政资金入不敷出，教育资源投入严重不足，所以城区公办学校，20多年来却仅新建了一所实验中学，"大额班"问题严重。当地政府在执行消除"大额班"政策时，仓促出台的学生分流政策，却因诸多因素欠妥，损害了群众利益。当地政府和教育部门"拍脑门"的决策和"一刀切"的行政方式值得其他地方政府部门重视和反思。

5. 高层级的及时介入和准确定性，执行部门的精准贯彻落实会扭转危机

在此次事件舆情负面影响进一步扩大时，湖南省委省政府和教育部的及时介入和精准定性，加上耒阳市委市政府等执行部门的积极贯彻落实和配合，解决了事件的核心矛盾，化解了学生家长对教育公平的焦虑和担忧情绪，较好地扭转了危机。这也启示在后续工作中，遇到波及面较广、具有代表性、较复杂的事件时，需要政治站位高，高层级及时介入指导，执行部门积极配合，从根源上全面解决问题。

（二）舆情引导提升建议

众所周知，该事件的舆情之所以爆发，其根源性的矛盾是城镇化的快速发展，与与之相匹配的教育投入和资源分配管理难以跟进的矛盾，使得人们难以享

受到期待的教育环境，加上地方部门在贯彻落实国家政策文件时，未能吃准吃透政策精神，过于简单地执行，不仅违背了文件的精神，还使得落实效果违背了政策制定的初衷，加剧了社会矛盾。针对此次事件带来的教训，可从如下三方面进行提升改进。

1. 经济基础层面：统筹规划，加大教育投入，完善与之相适应的配套措施

马克思在《资本论》中明确指出，经济基础决定上层建筑。很显然消除"大班额"的政策属于上层建筑范畴，要想消除"大班额"现象，其必然与教育的投入密切相关。面对此类问题时，建议教育部门需要联席相关部门一起，一方面要吃透国家政策精神和要求，确保政策能够科学执行；另一方面要做好统筹规划工作，加大教育民生投入，扩建学校，增强师资力量，增加学位，补足短板。

2. 新政发布及执行层面：兼顾各方利益，寻求最大公约数

教育部发言人指出，虽然按照国务院要求，到 2018 年年底要基本消除超大班额，这项工作必须要抓紧，但也要注意方式方法，建学校和招聘教师都需要时间，要提前谋划，各地制定的方案要充分论证，广泛征求意见，而不能"一刀切"地只为完成任务。诚如教育部发言人所言，新政发布及执行确实需要做好多项工作。人民网舆情数据中心发布的《新政发布咋争舆论主导权？经典案例不能不看！》一文明确指出，新政发布和执行需要坚持一项基本原则——兼顾各方利益，寻求最大公约数。落实到消除"大班额"方面，地方则需要根据当地的特点，因地制宜地制定地方配套举措，确保涉事利益群体的利益都能够得到兼顾，赢得绝大多数人的支持和理解。具体细节方面需要做好"析热""释热""消热""放热"。其中的"析热"是指在落实取消"大班额"政策过程中，要充分研判该政策的舆情风险点，如学校等硬件设施供应不足、教师等软件资源参差不齐、家长是否会承担更多的经济负担等，需要充分做好前期的综合评估工作，提前做好准备。"释热"是指在明确风险点以后，要借助媒体、网络大V、专家、有影响力的家长等对可能存在的风险点进行释疑和解惑，增进涉事群体对新政的理解，促进其落地。"消热"方面，首先要做好征求意见工作，并将他们的合理声音纳入政策中，确保政策具有可操作性；其次可以实地调研，召开政策项目论证会，并保证论证会的公开公正性，从根源上消解涉事群体的疑虑。"放热"方面，吸引民众广泛参与，通过民众的亲身参与和体验，切实消除热源因子。

3. 舆情处置层面：把握好信息发布时、度、效，提升舆情处置效果

消息发布的时、度、效往往能够决定舆情处置的效果。时、度、效的把握需要注重三点：一是时，意指时间或时长，在人们的印象中，舆情回应越快越好。然而大量的案例证明，并不是越快越好，而是要在掌握事实基础上的快速回应更符合舆情处置的要求；在此次事件中，很显然有关学生安全的检测如果能够快速

得到结果，信息发布当然会越快越好，消解家长的疑虑。二是度，意指程度，包括事件定性、信息发布内容详细程度等。在该事件中，有两方面的度如果能够把握好，对后续舆情处置会营造良好的环境。其一是事件的危害度，如果能够在事件初期做好风险研判，充分把握好该事件的负面影响程度，并制定有效措施，那么其危害可能会得到有效避免；其二是对维权人员的定性，如果采用柔性的定义，直击维权人员的诉求和根本矛盾，引发次生舆情的风险将大大降低。三是效，意指效果，是评估舆情处置的得失。它在舆情处置中需要充分打捞舆论反馈，形成良好互动，推动舆情消解。在该事件中，舆情处置可以做好动态监测，关注不同时间段的舆论诉求，并有针对性地进行回应，这将会大大提升舆情处置的效度。

第三部分　分报告

2018 年中国高校网络舆情危机事件处置调研报告

随着高校师生利益诉求的日趋多元化，网民越发通过网络发表评论、表达诉求，这对高校的和谐发展和社会稳定提出了挑战。鉴于此，湖南大学网络舆情研究所就高校教育网络舆情危机事件的处置等一系列问题面向全国 11 所教育部直属高校开展调研。

本次调研时间为 2018 年 12 月 1 日—2019 年 1 月 1 日，以线上发放调查问卷和访谈的形式进行，旨在通过与高校一线舆情处置人员的深度沟通，从中发现高校教育网络舆情发展现状、管理现状、处置现状、处置部门及流程，并从高校良好的舆情处置经验中寻求共性，为增强和维护高校安全稳定的预警和应急能力建言献策。

一、2018 年中国高校网络舆情危机事件的属性特征

随着微博、微信等一系列社交媒体的出现，网络信息来源越来越丰富，发表意见和想法的渠道越来越多，高校网络舆论日趋复杂多元，教育网络舆论引导的难度也随之加大。湖南大学网络舆情研究所通过研究高校教育网络舆情危机事件的涉事主体、爆发时段、频发月份、主要媒体爆发平台和主要事件类型等内容，发现 2018 年中国高校网络舆情危机事件本身具有一些共性。

(一)男性学生在危机事件涉事主体中占比高

调查结果显示，2018 年高校网络危机事件的涉事主体多为男性学生，其中

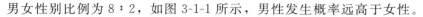

男女性别比例为 8∶2，如图 3-1-1 所示，男性发生概率远高于女性。

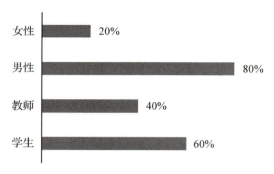

女性　　20%

男性　　80%

教师　　40%

学生　　60%

图 3-1-1　高校教育网络舆情突发对象与群体的比例分布图

来源：湖南大学网络舆情研究所

此类情况出现的可能原因有：第一，高校学生数量的绝对值远远大于教师，学生由于社会经验不足、认知偏差，在面对海量的网络负面信息时，极易从众，成为负面网络舆论的推动者。第二，在所调查的高校中，由于专业设置，男性学生基数大，同时在互联网时代下，男性、女性在日常生活中的关注点不同，男性更偏向于政治、生活、安全类等话题，因此男性学生在涉事主体中占比较高。第三，由于网络的匿名性、虚拟性，以及学生对网络法律法规的不了解，网络成为学生宣泄个人情绪、散布不负责任言论的重要场所，因而容易导致网络舆情危机。

(二)傍晚与深夜为突发事件的主要爆发时段

通过与教育部直属高校舆情处置人员的深度访谈发现，高校教育网络舆情危机事件的主要爆发时间可分为五个时段，分别为：07∶00－12∶00(此时段为上班族的上午上班时间和高校的上午上课时间)、12∶00－14∶30(此时段为午间吃饭休息时间)、14∶30－18∶00(此时段为下午上班和上课时间)、18∶00－24∶00(此时段为下班/下课和晚间休息时间)、00∶00－7∶00(此时段为晚间睡眠时间)。主要爆发时段舆情状态分布如图 3-1-2 所示。

据图 3-1-2 显示，07∶00－18∶00 为舆情爆发较为平稳时段，爆发频次不高，只占全天爆发频次的 31.5%。18∶00－24∶00 为舆情爆发高峰期，占全天爆发频次的 42.1%，为全天舆情爆发顶峰。00∶00－07∶00 为舆情爆发的第二个高峰，占全天爆发频次的 26.4%。据高校一线舆情处置工作人员透露，凌晨00∶00 为全天舆情事件的高危爆发点，舆情处置工作人员需在该时段重点关注舆情动态。

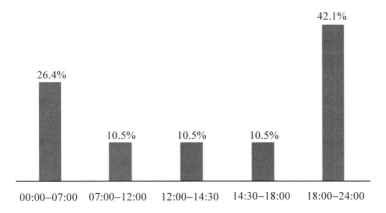

图 3-1-2　高校教育网络舆情主要爆发时段舆情状态的比例分布图

来源：湖南大学网络舆情研究所

　　综合来看，此类情况出现的可能原因有：第一，高校教师与学生在工作和上课时较为繁忙，无太多时间关注网络舆论，即使民众在此时间段发表网络舆论，亦无法引发及时、迅速、大范围的讨论，因而舆情危机事件缺乏发酵环境。中午休息时间短暂且碎片化，民众亦无太多时间关注或发表网络舆论。傍晚下班/下课后民众时间较为充裕，易在网络平台上消磨时间。第二，现代人生活压力大，加班/下班时间普遍较晚，且生活作息不规律，通宵熬夜者甚多。傍晚至深夜时间段个人情绪受周围环境影响较大，易因部分舆论产生共鸣或抵抗情绪，进而在网络上发泄戾气与不满，导致舆情迅速扩散。

（三）3～6月为高校网络舆情高发期

　　如图 3-1-3 所示，中国高校网络舆情主要爆发月份多为 3～8 月和 10～11 月，春季学期的舆情爆发概率尤为显著。其中，3 月、5 月、6 月的舆情危机事件爆发概率高达 39.9％。此类情况出现的可能原因有：3～6 月为学生主要在校时间，在校时间长，滋生舆情的概率自然较高，10 月、11 月同理。5 月、6 月恰逢高校毕业季，学生人员流动数量较多，囿于毕业及就业压力，学生情绪容易不稳定，在网络发表负面言论导致舆情滋生概率相继变大；7～8 月为暑假，其间学生多半外出暑期实践，实践的工作环境、与企业对接状况、食宿条件、其间身体状况、返程交通情况等因素，都可能成为影响舆情发酵的因子。1 月、2 月、12 月的舆情爆发概率较低，这可能是受天气、春节等因素影响，学生普遍待在家中。9 月份爆发频率较低，这可能是受研究样本数量的影响，存在一定误差。

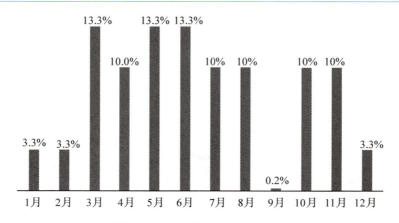

图 3-1-3   高校教育网络舆情主要爆发月份的比例分布图
来源：湖南大学网络舆情研究所

（四）两微和贴吧为网络舆情爆发主阵地

随着互联网发展渐趋移动化、智能化，微博、微信、论坛、贴吧、门户网站和资讯类 App 平台成为网络舆情爆发与传播的重要载体。其中，微博、微信和贴吧为舆情爆发的主阵地。如图 3-1-4 所示，各高校舆情的最主要爆发平台为微博，爆发频率约高达 29.7％，其次为微信和贴吧，爆发频率均约达到 18.5％。

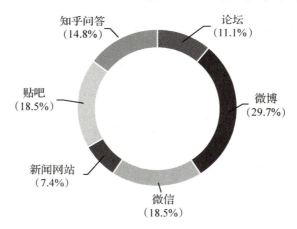

图 3-1-4   高校教育网络舆情主要爆发月份的比例分布图
来源：湖南大学网络舆情研究所

分析此现状，原因可能是：第一，微信使用简单便捷，同时拥有现实生活中个人交际、工作等途径所熟悉的好友等庞大用户群作为传播基础，朋友圈和微信公众号作为一对多的分享方式，扩散式的转发宣传能增大舆情信息的传播范围。

第二，贴吧通常是指特征类似、标签相同的群体共同组建的网络互动社区，网络用户通常关注的也是以爱好、身份等特征为主题的贴吧，发帖、评论可以匿名，相较于其他几个平台而言，虚拟性和隐蔽性更强，信息聚集的门槛更低，因而舆情信息更具传播力。第三，新闻网站（包括新闻资讯类 App）爆发频率较低的原因与其平台属性不无关系。以今日头条、腾讯新闻、百度新闻等新闻网站为主导的新闻信息平台主要以信息分发为主，属于信息流媒体，社交属性相对较弱，与用户之间的连接属于弱连接，形成不了庞大的社群，不利于舆情发展与扩散。

（五）安全和管理类事件为主要突发事件类型

据高校舆情处置工作人员陈述，高校教育网络舆情危机事件的类型可分为政治类、学术类、安全类、保障类、管理类和其他类事件，如图 3-1-5 所示，其中安全类和管理类事件为主要突发事件类型，分别约占 30.77％和 23.08％。原因可能是：第一，高校在制度建设、学术治理等方面有明确规则或条例对此类事件进行惩处，政治类和学术类事件相对容易得到控制。第二，安全工作是一切工作的重中之重，安全类和管理类事件涉及高校师生（尤其是学生）的生命安全，家长和社会较为关注，一旦出现安全问题，其产生的社会影响普遍较大，因此极易导致舆情扩散。

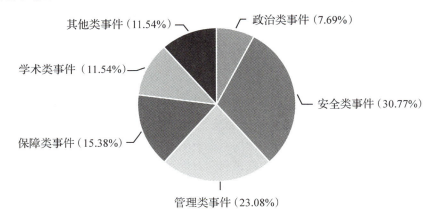

图 3-1-5　高校教育网络舆情主要爆发月份的比例分布图

来源：湖南大学网络舆情研究所

二、2018 年中国高校网络舆情危机事件的处置情况

高校网络舆情管理是维护学校稳定的重要途径。高校网络论坛、BBS、贴吧等是大学生获取和发布消息的重要地方，能够反映出大学生在现实生活中关注的问题。高校教育网络管理现状直接影响到舆情的处置方式、态度和结果，易牵一

发而动全身，因而高校在教育网络舆情的引导、回应、处置等方面需进一步深入研究。

如图 3-1-6 所示，通过计算选取比例超过 80％的舆情处置流程，高校教育网络舆情事件的常规处置类型包含舆情收集、分析研判、整理上报、跟踪反馈、公开回应、资料归档、动态监测、引导干预、舆情预警、组织调查。

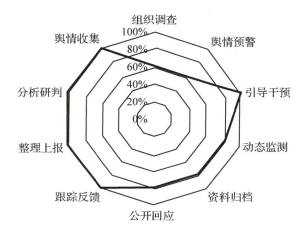

图 3-1-6   高校教育网络舆情危机事件常规处置类型的比例分布图

来源：湖南大学网络舆情研究所

（一）高校教育网络舆情危机事件的舆情引导

1. 多数舆情处置人员认为舆情需要适当引导

据湖南大学网络舆情研究所调研数据显示，高达 70％的舆情处置人员认为舆情需要适当引导，只有 30％的舆情处置人员认为应当视情况而定，出了事故再引导。由此可见，高校对舆情工作的开展已有基本的了解和认识。舆情处置工作人员需结合实际情况采取适当方式进行引导，可以在舆情处置工作中掌握主动权。若错误研判舆情发展态势可能错过舆情最佳回应时间和最佳处置时间。

2. 舆情处置人员缺乏合理的舆论引导方法

在参与调研的高校中，仅有 30％的舆情处置人员认为需要经常在主要传播平台上进行舆论引导，70％的处置人员认为只需要偶尔进行舆论引导即可。舆论引导并非只是能应用在处理舆情危机事件上，它还有利于学校牢牢把握意识形态地位、开展思想政治工作和维护校园网络环境，因此平常在主要媒体传播平台上可以适时以合理方式进行舆论引导，传播正能量。

3. 部分高校在新媒体平台上开展导控工作

如图 3-1-7 所示，60％的高校有时会在 BBS、QQ、微信、微博、贴吧等平台上进行导控，如有组织地删帖，30％的高校很少进行导控，10％的高校从未在新媒体平台上开展导控工作，超过半数的高校偶尔会在新媒体平台上进行导控，如图 3-1-7 所示。

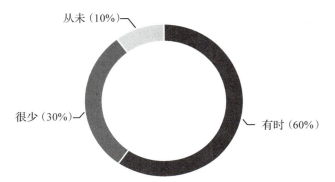

图 3-1-7　高校在新媒体平台开展舆情导控工作的比例分布图

来源：湖南大学网络舆情研究所

（二）高校教育网络舆情危机事件的舆情回应

1. 高校重点回应管理和安全类事件

如图 3-1-8 所示，通过对高校关于教育网络舆情危机事件的不同事件类型回应情况的调研，笔者发现高校对政治类、安全类、管理类、保障类、学术类和其他类事件都会进行回应，且重点回应安全类和管理类事件。这两类事件由于关乎学校声誉、校园安全与稳定、学生及其家庭切身利益，其社会影响力大，传播速度快，因此需要重点关注。

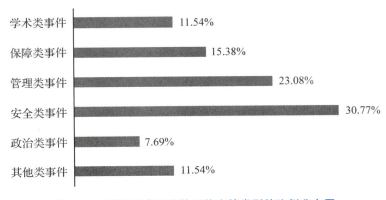

图 3-1-8　高校重点回应的网络舆情类型的比例分布图

来源：湖南大学网络舆情研究所

90％的高校对于教育网络舆情危机事件的处置结果会进行公开，10％的高校选择不公开。公开结果更有利于回应涉事人员、社会公众，提高学校的公信力，平息相关事件引发的舆论。

2. 在官方自媒体上发布声明成为主要的回应方式

如图 3-1-9 所示，高校网络舆情处置结果会在官方媒体公开，其中绝大多数学校会选择通过官方微博、微信公开。目前网友使用较多的主流新媒体平台包括微博、微信，因为绝大多数的舆论事件最初爆发的平台是微博、微信，所以网友们对相关平台关注程度更高。高校在这两个平台上宣告公开事件的处理结果，能使其较为迅速地得到宣传扩散。

随着时间推移，舆论可能会慢慢自然平息，焦点也会淡出网民视线。所以在处置结果公开上，有 5.26% 的高校选择完全不公开，但此行为易导致次生舆情爆发。

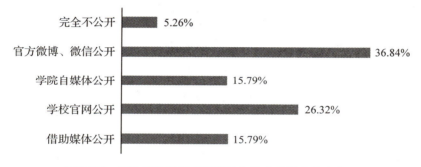

图 3-1-9　高校网络舆情处置结果公开方式的比例分布图
来源：湖南大学网络舆情研究所

如图 3-1-10 所示，高校会采取官方网站声明、学校各自媒体平台通报等方式回应舆情事件。对于重点舆情事件，高校倾向于选择在官方网站声明，高校可能认为这种方式的回应力度和消息的公信力更强。

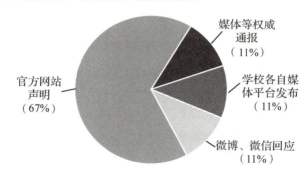

图 3-1-10　高校重点舆情的回应方式的比例分布图
来源：湖南大学网络舆情研究所

另外，对于危机事件后的舆论引导，绝大部分高校同样更偏向于选择发布官方声明，少部分高校选择通过辅导员沟通、邀请媒体写文章、组织网评员评论等，如图 3-1-11 所示。

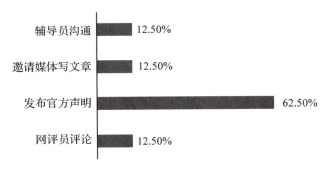

图 3-1-11　高校在新媒体主要新媒体传播平台进行舆论引导的比例分布图
来源：湖南大学网络舆情研究所

3. 多数高校舆情回应态度较为积极

在回应重点舆情事件时，80％的高校会选择主动回应，20％的高校会选择被动回应，积极回应、回应得当对于舆情干预、处理有正向辅助作用。

有重大舆情事件的专业发言人的高校在调研中占比 40％，60％的高校无专业发言人，因此在舆情回应中可能存在难以预料的问题，如回应方式不够专业化。

(三)高校教育网络舆情工作的日常管理

高校舆情处置工作与日常管理密不可分。进一步加强日常管理是有效化解网络舆情危机的重要基础，若想让网络舆情危机事件得以有步骤、有效地化解，就需要进一步加强日常管理。

1. 超半数高校较为重视舆情管理工作

据问卷调查数据显示，在抽样选取的教育部直属高校中，已有 60％的高校成立了专门的舆情监测部门，而未成立专门的舆情监测部门的高校，已通过设置相关部门的从业岗位、训练相关职能队伍来搜索和关注舆情动态。由此可见，多数高校对舆情监测工作较为重视，只是缺乏系统化的监测机制。

(1)高校已普遍成立舆情领导小组

据调研结果显示，80％的高校目前已经成立舆情领导小组，20％的高校未成立相关舆情领导小组。据高校舆情处置工作人员透露，舆情领导小组主要由校领导小组、相关职能部门和各院系领导等班子组成，在舆情事件处理中起决策作用，舆情处置工作人员需要谋划当下、放眼未来，快速处理好当下的舆情焦点问题，同时平息舆论扩散。

多数高校建立舆情工作相关部门后，也建立了问责机制，这有利于提升舆情事件处理机制的专业化和制度化。未成立舆情监测部门的高校一方面可能由于本身舆情管理机制体系建立不全，另一方面可能是对舆情工作重视程度不够。

（2）半数高校已建立舆情网评员队伍

调研数据显示有50％的高校已建立舆情网评员队伍。网评员队伍主要由学校的宣传部门、各院系负责宣传工作的领导，辅导员、学生党员和主要学生干部组成。建立了网评员的高校指出，网评员的主要工作是发现、上报和疏导舆情，按照上级部门的要求做好舆论引导、必要干预，在网络平台上发布正面声音，进而发挥师生的主观能动性，传播正能量，共同创造更为清朗的校园网络空间。

（3）高校普遍重视举办舆情培训会

如图3-1-12所示，据调研数据显示，80％的高校会有计划、有组织地举办舆情培训会。其中40％的高校一年举办一次，20％的高校半年举办一次，20％的高校表示从未举办过类似培训会。高校更加重视网络舆情工作，认识到面对当下复杂的网络环境，培养舆情工作队伍、提高舆情工作人员素质越发迫切，但仍有一些高校存在组织培训的综合条件不足等困难。

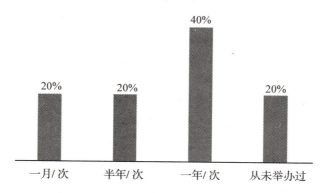

图 3-1-12　高校举办舆情培训会的比例分布图

来源：湖南大学网络舆情研究所

2. 高校网络舆情监测多以购买舆情系统和人工搜索为主

如图3-1-13所示，在开展舆情监测工作的高校中，50％的高校在购买舆情监测系统的同时建立了专业的舆情队伍进行人工搜索；40％的高校通过人工方式对重点网站、论坛、微博、微信、贴吧等平台进行检查和监控；10％的高校则有专门的舆情检测系统，通过计算机技术设置敏感关键词，搜索与学校、学院相关的网页、微博和微信等。

其中购买舆情监测系统与人工搜索同时进行的模式对于学校的资金投入、队伍建设和政策支持要求较高，但准确性能得到较好保障。具有相关技术条件的学校可以在计算机技术方面进行进一步探索，结合已有网络资源开发运维监测平台，同时组建、培养网络信息员队伍，通过人工搜索定期进行监测，双管齐下。

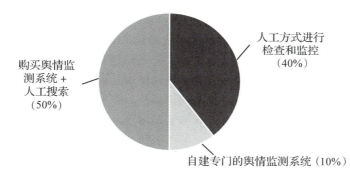

图 3-1-13　高校教育网络舆情主要监测方式的比例分布图

来源：湖南大学网络舆情研究所

3. 宣传部门日常巡查是高校获取舆情的主要渠道

调研发现，高校目前主要从学校宣传部门日常检查、网友和师生举报投诉、学院网络监督员巡查、公安机关网警部门通报、市委宣传部门通报、教育部门通报和其他相关部门通报等渠道获取网络舆情。

如图 3-1-14 所示，其中学校宣传部门日常检查约占比 31.25%，为所有高校获取网络舆情的必备渠道，网友和师生举报投诉约占比 21.875%，为第二大获取渠道。

由此可见，学校宣传部门是学校获取信息、进行发声的主要渠道，集结学校师生力量进行网络日常检查，获取负面舆情信息较为及时，且会做针对性处理。在得到他人投诉、主管部门通报时，能及时进行干预、回应与处置。

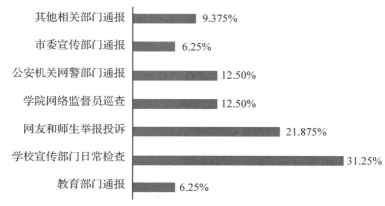

图 3-1-14　高校获取舆情主要渠道的比例分布图

来源：湖南大学网络舆情研究所

三、高校教育网络舆情危机事件的优化处置策略

为提高学校全体师生适应网络环境复杂变化的舆论应对能力，本文从机制、队伍、平台和工作方法四个方面进行总结，提出高校教育网络舆情危机事件的优化处置策略。面对复杂多变的社会环境，高校想保持稳定发展，高度重视网络舆情处置工作必不可少。不忽视任何负面舆情信息，积极进行正面宣传和舆论引导显得尤为重要。学校应在建立工作机制和管理制度、保障工作人员队伍、提供网络平台运维场所、必要资金投入等方面给予更大力度的支持，学习、宣传和落实政策要求，并根据本次湖南大学网络舆情研究所对高校一线舆情处置工作人员调研结果，让全体师生结合日常理论学习和工作实践经验。

(一)健全跟进舆情处置的系统化工作机制

一是领导机制。建立舆情处置工作的领导机构和处置部门，自上而下加强工作制度建设。设立并落实学校网络管理的相关制度，有计划地选培新闻发言人、网络管理专职人员等担任校级决策执行者，组织相关职能部门工作人员进行日常值班、案例研讨分析和学习总结，同时制定学校舆情危机事件应急预案、处置办法等常规工作文件。

二是监测机制。使用舆情监测系统对全网全平台关于学校相关信息进行监测，组织信息员、网评员在微博、微信、贴吧、QQ、知乎等平台上通过人工搜索、查询观察的方式，收集整合关键字词的信息内容，研判舆情发展态势，做到舆情信息监控预收集、早发现、早研判、早报告一体化，为尽快掌控舆情事件发展、制定处置办法提供依据。

三是干预机制。一方面，进行正向的教育引导，通过官方媒体、舆情信息员、网评员队伍在网络各平台上发布正面宣传内容并进行转发传播，肯定和强化正确观念的积极影响，引导舆论走向。另一方面，抓住舆情事件关键点和焦点进行回应，对谣言坚决遏制、对错误观点直接批判，以削弱负面舆情的消极影响，逐渐平息舆论。对于需要学校承担一定责任的情况，学校应直面问题、敢于担责、稳定大局，强调整改措施以获得认可。在日常工作中，学校应与当地媒体、公安等部门保持密切联系，关键时刻联动获取重要信息，以更好地决策舆情干预工作。

四是反馈机制。在网络舆情工作完成处置后，学校的相关工作人员应该将事件作为案例进行复盘，详细记录事件起因、传播路径、发展态势，生成舆情演变轨迹，总结学校处置过程中的经验教训和问题，及时归纳、反思、整改，建立舆情工作案例库，对众多案例进行分类整理，以更好地指导未来的工作实践。

（二）建立保障舆情探知及高效处置的工作队伍

根据舆情工作的实际内容，满足领导、执行、日常监测等方面的需要，工作队伍可按三个梯队进行建设。第一梯队主要为由校领导、党办、校办、党委宣传部、团委、学生处、研究生处、保卫处、网络中心等组成的舆情小组；第二梯队主要为各院系党委领导、分管宣传工作的领导、辅导员组成的网络舆情思政队伍；第三梯队是由学生干部、舆情研究学生、教职工党员等组成的舆情监督队伍。

第一梯队的学校主管领导、重要职能部门负责人形成舆情工作领导小组，根据汇总上报的信息进行讨论、形成决议，决定舆情处置工作的开展方向和根本任务。

第二梯队里的学工系列人员主要开展学生思想政治工作，组成舆情工作执行小组，汇总整理和分析舆情信息，将舆情事件现状、发展态势以及建议解决办法提交上级领导部门，根据领导小组制定的最终处置方案开展工作，必要时联系重点学生及其家庭、其他社会人员，发挥维持校园安全和稳定的作用。

第三梯队的学生干部、师生党员等主要开展舆情监督工作，组成网评员、信息员队伍。在第一梯队的宣传部门、第二梯队的院系负责宣传领导、辅导员的带领下，通过人工搜索关键字词、使用舆情监测系统等方式，发现、上报和疏导舆情，根据上级部门的要求做好必要的舆论引导和干预工作。

三个梯队的工作队伍共同组建成专门的舆情部门，形成多部门联动的高校网络舆情应对机制。舆情部门应加强内部人员的工作交流，主要负责人定期开碰头会，对近期工作情况进行汇报，同时组织一线工作人员进行关于热点事件、经典案例的专题研讨，训练其撰写报告、分析舆情、探讨解决方案的能力，邀请专业人员对工作人员在撰写回应文章、官方声明、进行正面舆论引导等方面展开指导。另外，进一步建立完善网评员队伍，对其辅以必要的培训指导，提高舆情监测、发现、上报和疏导的能力，在工作中发挥实效。

（三）搭建牢牢把握官方话语权的媒体平台

当前主要新媒体平台包含微博、微信、QQ、贴吧、门户网站、App 等，其相较于传统媒体而言自由开放程度、信息获取和分享的传播速度得到极大增强，学校师生更热衷于在这些新媒体平台上发布动态、表达观点。高校舆情工作人员也要认识到这一信息载体和传播平台的变化，将网络发声阵地拓展到更多受众关注的平台，创建官方账号，占领新平台的主导话语权。

高校主要通过发布官方声明、辅导员沟通、联动媒体发声、组织网评员评论等方式针对舆情事件进行舆论引导，因此学校更要加强新媒体矩阵、官方网站的平台建设，设专职管理人员，提供人员队伍和资金资源支持，集中学校宣传部门、院系学工人员和学生宣传骨干的力量运营官方微信公众号、官方微博等，运维学校官方网站、院系官方网站，加强网络平台和内容建设，宣传优秀网络文化，弘扬主旋律，传播正能量。另外，在面对负面舆情时，由于官方回应的力度和公信力更强，高校应选择在内容建设较为完备的官方媒体平台上发布声明。

(四)落实有效处置舆情的工作流程

舆情处置工作在实践中要讲究流程和方法合理有效，务必做到遇事不慌、稳扎稳打、处置妥当。

首先，了解情况，制定方案。在已建立健全工作机制的基础上，当事件发生时要立即启动应急预案。相关部门的领导小组要在第一时间详细了解舆情态势，指挥作战，将具体工作和责任分配到人，根据实际舆情发展状况及时调整预案，通过责任制分工举措稳定局面。其次，密切关注事态发展，主动进行舆论引导。根据舆情爆发起因和主要传播平台情况，分析舆情发展态势、估算舆情周期，发挥官微、官博、官方网站等媒介作用，组织可靠队伍进行舆情回应、舆论正向引导，与此同时，关注是否存在发生二次舆情或次生舆情的可能性。最后，做好总结，加强学习。舆情处置工作负责人在总结舆情事件时，按照时间顺序，自爆发起，经发酵升温直到回落消亡这一过程，将其作为工作案例仔细研究传播路径，记录处置过程中遇到的困难，总结工作经验和教训，为将来处理类似的舆情事件提供一定的参考。

高校在总结网络舆情危机事件处置工作的经验办法时，应从时间顺序、传播路径等不同角度总结舆情变化规律并提出相应对策，到已经建立较为规范的舆情工作部门的其他高校走访，组织开展不同高校的线上线下交流会，学习借鉴关于网络舆情处置的工作方法。高校舆情工作部门可收集国内各高校以及社会上其他类型的网络舆情事件，根据其事件本因、发酵情况、影响程度、处置办法以及实际效果等内容，建立工作案例库，按照突发事件类型进行归类整理和分析，以提升网络舆情研判的有效性，进一步增强高校师生对网络信息的判断能力和对网络舆情危机事件的敏感度。

2016—2018 年中国高校危机事件道歉策略研究

高校网络舆情作为社会舆情的"重要风向标"，近年来呈现出越发迅猛的态势，危机事件频发。教育领域尤其是高校，因其外部联系的紧密性与复杂性，一旦出现负面信息，都有可能陷入危机的泥淖当中。作为危机管理中的重要一环，道歉已然成为高校经常采用的回应方式之一。更好地发挥道歉在危机舆情中形象修复、信任修复的作用，做好高校的危机形象管理，对于教育行业的持续稳定发展具有重要的意义。

报告选取了 2016—2018 年的 19 起高校危机事件作为分析对象（见附录），对目前高校在舆情危机中道歉的现状特征进行分析，以期有针对性地为高校危机事件致歉回应提供有价值的优化建议。

一、实施道歉策略对高校危机事件处置具有重要意义

全面理解道歉在高校危机事件中的重要意义，是探究高校网络舆情危机中道歉策略优化的逻辑起点。实施恰当的道歉策略对高校危机事件处置具有重要的意义。有效的道歉不仅可以促进危机的化解，减少对高校带来的负面影响，有时甚至能将危机转化成发展的机遇。

（一）提高公众对涉事主体的宽恕程度

实施恰当的道歉策略能够在一定程度上缓解利益受损方与公众的激愤情绪，即能够使受众以一种更为积极的态度去看待危机涉事方，开始从一个新的角度来看待自己在情感上或利益上受到的伤害，从而理解、原谅道歉方。好的道歉策略能够与受众产生共情，让受众体会到因理解和原谅带来的情感上的放松，从而使自身的激愤情绪也能得到舒缓。

对公众情绪和态度影响最大的因素是危机中的责任归属问题，即明确危机事件的原因来自外部还是内部。如果公众认为高校危机事件的原因更多与高校自身的管理等内部因素有关，则公众对涉事主体的责备与追究程度会较高。相反，如果公众认为危机事件的原因与高校或涉事主体的个人能力、主观意愿等内部因素无关，而是更多来自外部不可控的因素，则危机事件并不会对公众形成强烈冲击。危机事件的责任归属问题是公众最关切也是最敏感的话题，而直面问题给公众以交代比避而不谈更容易获得公众在情感上的积极态度。

（二）增强涉事院校的形象修复效果

高校形象是指高等学校的内在素质和外在表现在公众心目中的总体印象和评价，是学校在长期建设与发展中形成的多方面的综合体现与反映，包括教学、科研、管理、设施、环境、学校文化等。高校形象建设状况直接决定着教师队伍素质、学生生源质量、教育质量、学生就业层次等，而这些又影响着社会对学校的认可度、支持度，是学校的一项无形资产。

当高校或相关教育部门经历重大危机事件的考验后，其形象与声誉往往会明显受损。在遵循重大危机事件基本舆情规律的前提下，充分掌握舆论形势，积极寻找有效舆论引导突破口，通过放低姿态的、有策略的道歉，能够争取在最短的时间内恢复、重塑涉事高校的形象。

为了在短时间内达到恢复、重塑高校形象的目的，学校通常要采取一系列措施进行形象修复工作。比如，在后续推出一系列弥补措施或相关规章制度，公布

新的工作计划等，高校可以通过发布致歉声明表明自己面对危机的态度，以维护好高校形象。通过道歉这一行为进行危机公关既是一次挑战，也是一次机会，而大部分的高校并未掌握危机公关的要领。在网络舆论环境变得日益复杂的今天，高校加强对危机管理相关知识的学习势在必行。

(三)保障社会对高等教育的满意度

高等教育发展水平是一个国家发展水平和发展潜力的重要标志。要实现中华民族伟大复兴，教育的地位和作用不可忽视。2016 年 12 月 7 日，在全国高校思想政治工作会议上，习近平总书记发表讲话，表示对当代高校学生，党和人民充分信任、寄予厚望。保障和提高全国教育满意度，是教育部总体部署的一项重要任务，是对党中央、国务院号召切实办好人民满意度教育的积极响应。

中国教育科学研究院于 2017 年发布的《全国高等教育满意度调查报告》显示，高等教育总体满意度指数为 69.42 分。参照国家《质量发展纲要(2011—2020 年)》制定的服务类顾客满意指数，2015 年目标值为 75 分，而高等教育总体满意度指数得分与其相比，明显存在一定差距，解决提高全国高等教育满意度的空间还很大。

影响公众对高等教育满意程度的一个十分重要的因素就是高校危机舆情与其处置情况。对于风险的抵抗能力与面对危机的应对能力都是高校内部治理结构的综合体现。面对危机时，有效的道歉能够展现高校勇于承担责任、自我审视、自我修正的正面形象，回应了公众对高等教育群体高素质的期待，从而保障了公众对于教育行业的满意度。

二、2016—2018 年高校在网络舆情危机事件中的道歉的特征

在道歉的行为层面，高校危机主体往往会从道歉的主体、对象、渠道与文本内容几大方面去考量。综合分析 2016—2018 年高校危机事件中的道歉特征是对其舆情回应现状与致歉效果理解的基础。在致歉行为中，每一个因素的变化都可能会牵一发而动全身，并对公众、媒体关于道歉信息的感知与道歉的效果起到较大的影响。

(一)道歉主体多为具体涉事方或其所属机构

当危机事件爆发后，涉事方选取最为合适的道歉信息发布者是至关重要的，这将直接影响其在危机潜伏期和危机爆发期时社会大众以及媒体的态度。

在研究案例中，有 10 则道歉声明以高校的名义发布；有 3 则道歉声明以涉事的具体部门名义发布，如保卫处、研究生招生办公室等；有 2 则以团委的名义发布；有 2 则以学生会的名义发布；有 2 则以个人的名义发布。根据道歉或回应的主体，我们将其具体策略概括为两大类：具体涉事方直接道歉与涉事方所属机构道歉。道歉主体如图 3-2-1 所示。

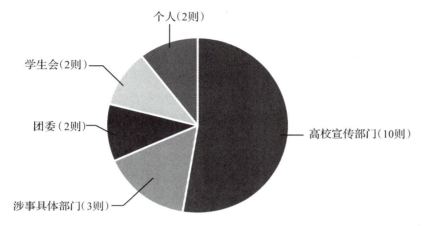

图 3-2-1　道歉主体分布图

1. 具体涉事方直接道歉

具体涉事方直接道歉是指涉事主体主动发布道歉信息，力图让大众感知道歉主体歉意的基础性策略。在 19 起案例中，除"西安电子科技大学教授医院殴打医护人员"事件中具体涉事方未公开道歉外，其余均采用了具体涉事方直接道歉的策略。其中有 7 起涉事主体为个人，12 起为组织，两者对于形象的修复效果各有不同。

具体涉事方直接道歉时，涉事个人以个人名义发声的占少数，仅 2 起；以所在高校或组织名义发声的占多数。在"北大校长就'鸿鹄'读错音发道歉信"一事中，北京大学原校长林建华以个人的名义在北大未名 BBS 发致歉信；在"浙大学生干部耍官威"一事中，涉事学生王耀辉以个人名义在个人微博发表致歉，表示对于自身的行为深感痛心与后悔，诚挚向大家道歉并表示愿意承担该事件的相关责任。

以个人名义亲自公开道歉更能让受众感知到道歉的诚意，但此种方式与官方声明相比也更放大了致歉者在致歉声明中的内容与情感，譬如语气、对于事件的诠释、态度是否端正等，若操作不慎，更易引起二次舆情的爆发。

当高校在危机事件中明确有不可推卸的责任，且危机是由于违背道德观念而引起时，其危机责任往往较重，当事人更应当在道歉时展示对事件的重视程度和诚恳的道歉态度。若因道歉内容中的细节问题加重了主体的危机责任，会让形象修复工作变得更加艰难。

2. 涉事方所属机构道歉

涉事方所属机构道歉通常是指涉事方所属机构与具体涉事方共同道歉或代替具体涉事方道歉，是道歉者所在的高校或教育部门为转移舆论焦点，而采取的有利于修复道歉者形象的策略，其中大体有以高校名义道歉和教育管理部门道歉两类。

在 19 起案例中，有 10 则道歉声明以高校的名义发布；有 3 则道歉声明以涉事的具体部门名义发布，如保卫处、研究生招生办公室等；有 2 则以团委的名义发布；有 2 则以学生会的名义发布国；有 2 则以个人的名义发布。其中绝大部分以高校或部门替代个人发声，内容通常以安抚大众情绪的公告信为主，在公告中表明对于危机进一步调查核实的态度。

高校以及教育管理部门的替代性道歉，表明了发文主体的立场，即与涉事方共同承担责任。尽管替代性道歉策略的应用对于高校网络舆情危机事件中涉事主体的形象修复无法起到关键作用，但是却能够帮助涉事方在激烈的舆论声中减轻舆论压力。

（二）道歉对象多兼顾直接与间接利益受损者

在高校网络舆情危机事件的道歉行为中，道歉客体即道歉对象的选择对其效果的影响也至关重要。根据对案例的分析，我们总结出两个具有针对性的道歉对象策略，分别是向直接利益受损者致歉和向间接利益受损者道歉。

1. 向直接利益受损者道歉

高校危机事件涉事主体在道歉时，首先要确定道歉目标对象，有效地与直接利益受损者进行沟通并辅助运用道歉内容策略，力求得到直接利益受损者的原谅，这是最为关键的一步。在道歉中，由本人出面发声更显诚意，尤其是危机主体来到当事人或其家属身边，握着对方的手、看着对方的眼睛道歉。当涉事主体来到当事人的面前，亲眼面对利益受损的一方，是对自己良心与责任的一次敲打，也是教育管理者进步最好的课堂。

在研究中，在"川大学生请丧假被拒上热搜"一事中，涉事的老师在校方的责令下做出了情况说明和检查，并对该请假回家奔丧的同学表示了慰问，对其亲属去世表示哀悼。并且在当晚，该任课老师主动与请假被拒的学生及其家长联系沟通、表达歉意并获得谅解。来到当事人或者其家属面前，面对着他们进行的道歉，才是真正有诚意的道歉。

2. 向间接利益受损者道歉

在高校网络危机舆情中，危机事件不仅会对直接受损的一方带来影响，对高校的其他学生、家长甚至社会也都会造成不同程度的间接影响。这种潜在的受害人往往会对道歉活动产生重要影响，对道歉的方式、内容产生引导作用。[1] 通过向间接利益受损者道歉能够更好地兼顾危机舆论环境中的公众，展现致歉的周到

---

[1]　洪静：《道歉言语行为的多维透视》，硕士学位论文，山东大学，2005。

与诚意。

在"石家庄工程技术学校官微调侃先烈"事件中，官微发布的微博内容是对革命先烈的不尊重，造成了不良的社会影响，公安机关介入调查。学校在道歉信中明确道歉主体为"各位老师、同学们、社会各界朋友"，对学校造成的不良社会影响表示了由衷的歉意，表示会对学生加强思想政治教育，特别是革命先烈英雄事迹的学习宣传，营造清朗的网络空间。

高校网络舆情危机主体在道歉时，应当首先考虑直接受损方和间接受损方的利益，并在道歉声明中有所体现。只有明确道歉对象，才能够进一步根据道歉对象利益损失进行不同程度的弥补，这也有利于减轻大众对其道歉诚意的质疑。若能够得到直接受害者的原谅，将会大大减轻危机处理的难度，有效修复、提升形象。

（三）道歉内容多通过策略组合表达立场

实施适当的道歉内容策略是致歉起到较好形象修复效果的关键。我们对研究案例中的道歉声明进行了分类，分类标准参考了威尔和林克杰（Ware & Linkugel）的四大辩护策略（否认、强化自我立场、区别化、超越化）[1]，并在此基础上根据研究目的进行了修改。对于分类结果以整篇为单位进行描述，具体如表 3-2-1 所示。

表 3-2-1　道歉声明内容策略

策略	次数	百分比
超越化	6	32％
单纯道歉	4	21％
单纯否认	2	11％
否认＋强调立场＋区别化＋超越化	2	11％
否认＋强调立场	1	5％
否认＋超越化	1	5％
否认＋强调立场＋区别化	1	5％
区别化	1	5％
区别化＋超越化	1	5％

从表 3-2-1 可以看出，在高校网络危机事件的道歉内容中，单独采用超越化内容策略的声明占比最高，约达 32％；其次为单纯道歉，约占比 21％；单纯否认的约占比 11％；组合使用多种策略的约占比 31％。其中，否认策略与强化立

① Ware B L, Linkugel Wil A, "They spoke in defense of themselves: On the generic criticism of apologia", Quarterly Journal of Speech, 1973, 59(3), pp. 273-283.

场策略通常多与其他内容策略组合使用。

1. 否认策略

否认策略，即否认负面意图，主张行为的初衷是好意，以此减轻负面舆论的压力。

在"武汉高校保安驾车碾压流浪狗"事件的声明中，@湖工大保卫处强调称流浪狗在操场扑咬足球，追赶学生，威胁师生安全，且狗体型庞大，驱赶无效，在此情况下才开巡逻车将狗撞伤。高校在道歉声明中否认了自身主动扑杀流浪狗的意图，强化了保护师生安全的意图。

但是否认策略在使用时，也容易让大众认为是道歉者的"狡辩"，引发舆论反弹。因此在使用该策略时，若高校可以明确判断自己在危机中被误解，可大胆使用予以说明，让大众消除疑虑。但若是可能会造成狡辩之嫌的情况，则应减少使用。即便是用了，也要辅之以对实际造成恶果的反省与歉意。

2. 强化立场策略

强化立场策略着重强调学校过去的成果或好的一面，以此来间接地削弱负面影响。

在"无锡职业技术学院学生宿舍调整引争议"中，网传学校以暴力或以扣发毕业证逼迫学生搬迁宿舍，给留学生提供住宿。学校的声明中称"学校今年下半学期将增加留学生 320 余名，此次搬寝室是为了加强对留学生集中统一管理"，并强调"芳园宿舍也是六人间宿舍，配有空调和独立卫生间"。学校一味强调尽可能地在给学生提供较好的住宿条件，却未触及问题的本质——留学生的管理问题，导致舆论一边倒地认为学校有崇洋媚外的嫌疑，对留学生过分照顾。

在"中大学生会使用错误级别表述"事件中，中山大学在道歉声明中强调了学生组织"旨在努力服务同学、团结同学，以期共同成长"。如此设置岗位名称主要是明确学生干部的服务职责，更好地服务各校区的广大同学。

显然，中山大学在道歉的同时希望受众能明白学校/组织的理念和构思是好的，不仅如此，还强调虽然工作欠妥，但这只是学校管理过程中的某一部分的问题，不能以偏概全。

3. 区别化策略

区别化策略包含两种含义：第一，把事件从大的背景中分离出来（责任的个别化），包括强调事件的发生超出学校能控制的范围。第二，保留判断，即推迟判断，不下定论。

在"兰州某大学一教授赶飞机辱骂地勤"事件的声明中，教授以其个人的名义在学校党委宣传部发布道歉声明称："因为个人原因，在和机场工作人员沟通中出现了不冷静、不理智的不雅不当言行，严重损害了教师形象，造成了不良影响。"通过个人的名义以及话术将责任归咎于涉事教授，强调了责任的个别化，尽管对于个人的形象修复不具备任何作用，但让高校免于了一场舆情风波。

4. 超越化策略

超越化策略是指把事件融合到更抽象的环境当中，提起组织与公众共同追求的目标或理想方向。这种策略多体现在道歉声明的最后，内容以高校表决心，提出一系列整改措施以达到某种理想状态居多，这也是道歉声明中最常用的一种内容策略。

超越化策略若使用得当，会使大众直观地感受到高校或具体涉事主体想要改正的决心以及改良的预期目标，是具体道歉后对改正行为的一种升华。比如，"大雾天高校依旧组织学生做早操"事件中，学生会在对事件进行反省与道歉后，在最后一段表示："学生会将以此为鉴，坚持学生主体地位，强化责任意识，转变工作作风，切实履行好自我教育、自我管理、自我服务、自我监督的职能，使学生会组织更好地服务于广大同学"，这就是一种"明确责任，画出蓝图"的超越化策略使用。

实施这种策略可能会出现两种问题：一是该用时不用；二是不该用时乱用。前者如"广东省岭南师范学院毕业证和学位证中拼音出错"事件中，岭南师范学院官方微博就此发布一封道歉信，内容只涉及对此次失误的具体补救措施，并未言及其他。所谓"细微之处见真章"，证书印刷错误已然成了每年固定的戏码。"证书"出错年年有，冲击的就是高校的"严谨精神"。这类事情每次被媒体曝光，舆论热炒后，都会以"高校方面的道歉和重新发放证书"来结局，但其细节问题和背后的精神问题，若致歉方不加提及，难免让大众觉得高校并未真正意识到问题的严重性，更不会深刻反思。而"不该用时乱用"是指一些道歉信中，对内容与目标在程度上过多升华，使得道歉信显得空泛、虚浮，较易引发舆论反感。

(四)道歉后注重舆论环境的反馈意见

除道歉主体以外，他者对于事件与道歉内容的发声回应对道歉效果也有重要作用，能够在复杂多元的舆论环境中树立风向标，支持性的发声更是会大概率助力于舆情风向的转变。他者的支持性发声包括受害者支持性发声和公众人物支持性发声。

1. 受害者支持性发声

受害者支持性发声对于道歉者的形象修复起着至关重要的作用，具有极强的说服力。在"兰州一高校军训发生教官打学生事件"中，校方在通报中表示，涉事教官也向相关同学和全体学生当面鞠躬认错，同学们以热烈的掌声表示谅解。一位自称是当事人的张姓学生在该校百度贴吧中说："面对那个 90 度(鞠躬)，在场的大家应该都感受到了那份来自肺腑的诚恳歉意，大家包括我都原谅了教官……

希望领导能够对杨教官处分适当，军训马上结束了，让我们忘掉发生的不愉快，高高兴兴地送走教官们。"该道歉的成功之处在于，不仅得到了直接受害者的原谅，更得到了学生对教官的支持。媒体的报道也让受众进一步了解到道歉者的诚意，不仅成功修复其形象，也进一步提高了高校的声誉。

在道歉效果的反馈中，受害者支持性发声具有较高的修复道歉者形象的作用。受众通过直接受害者对道歉者的道歉态度、行为、补偿等因素的积极评价，重新看待这次危机事件，有效地提高了道歉者的声誉，挽回了形象。这也要求涉事主体在道歉时应当端正态度、明晰道歉对象，从而采取针对性的应用道歉策略。

2. 公众人物支持性发声

公众人物支持性发声一般是通过公众人物的舆论影响力辅助道歉者进行形象修复。在教育领域具有较高影响力、关注度的公众人物，其社交圈层多为与其知名度相同的公众人物，往往会得到该圈层人士的背书与支持，这批人群的辅助支持会不同程度地影响大众对于事件的态度。当危机事件发生时，支持人群多在微博等平台中发表相关积极评论，辅助该主体修复形象，减轻危机的严重性。

在"北大校长就'鸿鹄'读错音发道歉信"一事中，北京大学中文系教授、微博大 V@孔庆东就此事发表言论，对林校长的错误表示理解，称"就是中文系的老教授，也经常读错字。他们那代人没有受过普通话标准音的训练，不值得大惊小怪。"此观点也在一定程度上引发了舆论场中对于校长读错字是"人非圣贤，念错字是正常的事"的声音，如@戴志军在评论里表示"能检讨自己，就值得肯定。谁能保证自己一个错字别字都没读过呢"。在微博拥有百万粉丝的学者王旭明也发文支持了林校长，文中写到"林校长所以应该被人们记住，当然不是其业绩，那需要历史证明；也不是其理念，那更需要未来证明，而是其道歉之举。"他认为道歉是一种文化、一种情怀、一种修养，并表示永远祝福他。文章忽略了林校长道歉信中的言辞，转而赞许其公开主动道歉的行为，旨在转移舆论的核心焦点，从而让大众了解到林校长道歉的积极态度。

三、中国高校危机事件道歉策略优化的建议

高校舆情危机管理是一项复杂的系统工程，要提高教育主管部门在危机事件中的回应能力，提高面对危机进行道歉的修复效果，需要从危机的事前—事中—事后进行联动，多措并举，多管齐下。理性判断局势，慎重采取行动，将危机管理工作常态化，将危机应对中的道歉行为制度化，切实提高教育网络舆情危机风险的抵抗能力与应对处置能力。

(一)合理判断是否实施公开道歉

道歉作为危机事件回应方式的一种，尽管在某些情况下能够起到修复形象、修复信任的作用，但如若道歉的举动实施得不恰当，在该道歉时未道歉，不该道歉时却进行了道歉，往往会适得其反、火上浇油，引发二次舆情。并非所有发生在高校的负面事件都会发酵成为"高校舆情危机"，实际上，即使没有采取主动措施，大多数情况下负面信息也会被后发的舆情所湮没。因此，负面舆情出现时，不要急于面向公众主动出击，而要内紧外松，正确判断危机事态，认清在哪些危机事件、哪种场合中采用道歉能够有效提升舆情回应的效果。

1. 公众认为高校对危机事件的发生须承担责任

涉事高校道歉，意味着高校愿意为造成的损害承担全部或部分责任，因此高校的宣传部门需要有清晰的指导原则，判断是否需要在危机舆情事件中道歉，以及如何有效表达歉意。危机事件发生后，高校首先需要确定是否发生了损害，如果发生了损害或造成了不良的社会影响，高校是否要对此承担相应责任，且整个分析的过程需要快速有效地完成。

除了高校对危机中自我责任的审视之外，公众对于责任的认知也非常关键。高校在回应之前也需要对舆情进行全方位掌握，哪怕危机事件是由外部因素造成的，与高校本身的管理等内部因素无关，但一旦舆论认为涉事高校需要对危机事件的发生承担责任，高校就应该进行公开致歉。

以企业的危机管理为例，可口可乐公司在 1999 年遭遇了一次严重的信任危机。一名比利时男孩喝完可口可乐后感觉不舒服，几天内又有几百人称饮用可口可乐之后出现发烧、晕眩和恶心的症状，甚至进了医院。起初可口可乐公司坚决认为产品本身没有问题，问题源自安特卫普灌装厂使用的二氧化碳，并认为公众反应过度。可口可乐公司首席执行官道格拉斯·伊维斯特希望事情"尽快过去"，称决定"低调处理"，即冷处理。但几天后，超过 5 000 万份可口可乐饮料在法国、德国和比利时被下架。最终，在事件发生超过一周后，伊维斯特公开表示，他与公司高层"为欧洲消费者遭遇的问题深表遗憾"。

涉事高校必须克服想要等待、冷处理或试图澄清事实的倾向。无论是否是由高校管理等内部因素直接导致危机的发生，其宣传部门与涉事方都应该考虑公众感受，进行有组织、有规划的公关行为，快速做出反应。即便事件调查和责任认定尚在进行，也不妨碍高校通过道歉表达关切，及时安抚受众，表现出面对危机积极处理的正面态度。

2. 舆论对组织责任的关注胜过事件真相本身

在如今的网络舆论生态环境下，"后真相"时代的特征日渐凸显。即在突发舆情事件触及网民敏感神经时，网民往往先诉诸感性而忽视理性判断，争相表达和宣泄。此时情绪的影响力超过事情真相本身，使得事实往往存在滞后性。当这种现象出现时，说明事态已经发展到了较为严重的地步。在此背景下，涉事高校若不能及时有效发声，还原事实真相，就会使得谣言四起，容易使涉事高校与相关教育部门陷入"塔西佗陷阱"①，损害其形象与公众信任度。

在 2017 年的"四川泸县学生坠亡"事件中，当记者赶到当地展开调查时，车在距离太伏镇数千米外就被拦下。同时，记者的采访工作也受到重重阻碍，新华社随后便发文《三问四川校园死亡事件：拿出事实需要多久》，这进一步危及了学校及当地政府的公关工作。此外，在该舆情蔓延过程中网络上滋生了大量抹黑政府、煽动民众的谣言，这极大地考验了相关政府部门面对突发舆情时的辟谣反应速度、舆情处置能力及舆论引导能力。在谣言视频被广泛传播时，相关教育主体并未及时出面澄清事实真相，在舆论面前沦为被动，失去话语权，导致舆情回应滞后。面对当时的危机情境，若学校与政府能够直面记者采访，通过官方平台发布权威消息，抢占舆论制高点，真诚地表达解决问题的态度，极力压缩谣言生存的空间，危机态势也许会得到较好的缓解。

(二)灵活应对选择恰当道歉策略

在媒体对于高校网络舆情危机事件道歉声明的报道中，报道立场主要为客观中立，具有正面、负面态度的内容较少。但在新闻报道中媒体会着重报道具有鲜明立场的社会大众的观点。因此，两大舆论阵地的影响力也为高校敲响了警钟。高校应灵活、合理、高效地使用道歉策略，若想有效避免负面舆论的扩散，就应当重视受害者与社会大众的利益需求。

1. 通过判断危机态势慎重选择致歉主体

一旦高校在进行谨慎判断后决定以公开道歉的方式进行回应，那么以谁的名义道歉、谁出面道歉，也需要谨慎对待。通常涉事高校所犯的错误越严重、造成的社会影响越恶劣，越需要层级较高的(如党委宣传部)机构出面发声。例如，高校发生了由严重的非正常伤亡、不良师德师风等事件引发的危机舆情，如果事件有明确的责任人，如犯错误的教师、学生，视情节轻重可以考虑由本人出面致歉。但如果责任人层级过低，此时仅仅以个人名义向社会致歉可能会让公众感觉被轻视，或者认为高校没有意识到问题的严重性。

在"浙大学生干部耍官威"一事中，当事学生在与赞助商聊天时大耍"官威"，受到网友的广泛关注与谴责。事后，当事学生在其个人微博发布致歉声明，表示

---

① "塔西佗陷阱"最初来自塔西佗所著的《塔西佗历史》，后被中国学者引申成为一种现社会现象，指当政府部门或某一组织失去公信力时，无论是说真话还是假话，做好事还是坏事，都会被认为是说假话、做坏事。

对于自身行为深感痛心与后悔，诚挚向大家道歉并表示愿意承担该事件的相关责任。尽管在道歉声明的微博评论中仍见一片骂声，但此次危机止步于涉事学生个人的形象危机，避免了发酵成为高校的信任危机。

2. 选择道歉对象需充分考虑情感接近性

重视致歉对象的情绪，既要考虑直接利益受损者也要兼顾间接利益受损者，既要考虑利益的损失，也要考虑情感上的侵害。在"兰州一高校军训发生教官打学生"事件中，教官鞠躬道歉。学校有针对性地对被打学生致歉并对涉事教官进行处分，得到了广大同学的原谅与支持。高校通过及时的补救行动策略得到了直接受害者的原谅，从而转变了舆论的方向，成功地修复了形象。

同时，道歉也要重视间接受害者的情绪与利益。当高校网络危机事件牵连他人时，道歉主体应当向相关责任人道歉并适当采取补救措施。在兰州交大博文学院就"开除患癌女教师"公开道歉中，虽然直接受害人患癌女教师已逝，但是学校表示恢复与患癌女教师的劳动关系。学校除了对博文学院人事处处长停职检查之外，更对逝者家属表达了歉意和慰问，并表示会全力妥善解决后续事宜。尽管危害程度越大，道歉能起到的效果越有限，但主动表示能够提供补偿，对于已经造成了损失的受害者家属来说也不失为一种安抚。

需要重视的是，高校因其组织机构的特殊性带有较高的影响力，他们的行为将会影响到社会大众对于教育的信任度，更会直接影响涉事学校今后的招生工作。因此，当负面舆情发生时，高校应当注重社会利益，言行要符合社会主义核心价值观，道歉应更加积极主动，且认真慎重，避免出现二度错误，引发二次舆情。

3. 道歉内容善用新媒体化的活泼灵动的文风

面对一些事态在可控范围内的危机舆情，在道歉内容上打破一板一眼模块化的道歉方式，适当采用新媒体化的活泼灵动的文风，对于道歉能够起到意想不到的效果。这种剑走偏锋式的回应方式也需要极高的技巧，包括说话的技巧与举例的技巧。

2011年6月，"四川会理PS领导照"一事引发了一次网络的舆论狂欢。一起因为地方政府疏于管理、政府网站作风浮夸而引起的事件，经网友爆料后在社交平台迅速发酵。当地政府面对这场突发的舆论危机并没有采取删帖、围堵的方式，而是在次日就开通了认证微博回应质疑，向媒体和网友致歉。当事人孙正东在公开致歉信中称，他是会理县政府办的一名工作人员，跟随领导视察负责拍照，他解释修图事出有因，由于原照片存在光线不佳、背景杂乱等问题，因此才对照片做了拼接，他深深地表示了歉意。

当事人孙正东也开设微博主动跟网友互动。孙正东微博不失时机而又幽默地介绍会理："感谢全国热心网友，让会理县领导有机会在短短的时间内免费'周游世界'，'旅行'归来后，领导已回到正常的工作轨道，也希望网友把关注的焦点，转移到会理这座古城上来。会理是一座有着两千多年历史文化的古城，也是古南方丝绸之路的重镇，看看@阿卓志鸿镜头下的美丽的会理吧，绝对没有 PS 哦。"此次风趣的道歉，不仅使文理县转危为安，还对当地进行了一波宣传。

在随后的一段时间，网络对"会理""PS 领导照"等关键词的谈论已大部分转为正面。"四川会理 PS 领导照"事件被称为近年来最成功的政府公关案例之一，在短时间内，负面舆指的热度由波谷上升为正面舆指的波峰。有网友评论说，会理县政府在此事中完成了一个"华丽的转身"，这也为其他领域的危机公关开启了一个正确的思路。

（三）跟进反馈保障形象修复效果

在危机公关的回应中，通过外部环境保障道歉效果至关重要，这种保障不仅体现在危机发生的事后处置流程中，更体现在高校日常公关工作中。

1. 传播时注重双向沟通

高校危机主体在道歉时，应当注重媒体的反馈效果，"舆论环境的引导和控制始终是核心的问题"[1]。媒介是道歉者传播道歉信息的核心渠道，要想做好有效的沟通，不仅需要单方面发布道歉信息，也应当主动接受媒体的采访，有必要时可在准备充分的情况下召开记者发布会。在与媒体沟通时，道歉者需开诚布公，交代实情，慎做判断，把控节奏，活跃氛围。通过对媒体态度的分析可见，利用传统媒体渠道进行道歉的方式更有利于修复自身形象。此外，在媒体的报道中，调查性报道的内容所占比重较大，媒体易大量地引用来自社会的声音。当高校危机主体在首次致歉未取得良好的效果时，应当及时广泛地收集并分析官方与民间两大舆论场的舆论倾向，从而有针对性地及时调整自身的道歉策略。

媒体是社会大众了解危机具体进展与细节的主要渠道，也是控制危机的关键要素，因此媒体对于高校危机主体道歉策略态度的不同，在很大程度上会影响高校危机主体对于危机事件的处理。把握好媒体这把双刃剑，做好公关工作，可以在一定程度上防止、抑制危机的发生。据此，高校危机主体及其宣传部门应当及时与媒体进行沟通，转换报道视角，将危机抑制在潜伏期。这就要求高校在危机爆发时把控舆论的话语权，应当及时、准确地传递真实、客观的信息，尽量减少对危机责任归属、危机严重性等方面的报道。

2. 加强高校日常形象建设工作

任何一种危机都有可能对高校形象造成严重的威胁，当高校危机主体处于危

---

[1] 赵启正：《持之以恒地开展危机管理研究》，北京，中国人民大学出版社，2007。

机事件中时，其道歉的诚意和艺术均会影响道歉的效果。如果道歉得当则可以变危机为转机，为高校的形象建设工作添砖加瓦。但这也要求高校在日常工作中注重打造良好的口碑声誉，将形象建设工作常规化、主动化。心系学生，关怀教师，树立自身良好的形象，在媒体的正面报道中将这点放大，有助于道歉策略更好地发挥形象修复的作用。

为了转变利益相关者在危机阶段对涉事高校的负面印象，通常要进行形象建设工作。比如，在后续推出一系列弥补措施或相关规章制度，公布新的工作计划，引进代表新形象的人物等。其目的只有一个，那就是恢复利益相关者对高校的信心。发布致歉声明在这一系列的危机应对中是先发的一环，会给受众先入为主的印象，也会直接影响后续措施的落地，需格外慎重。但需要强调的是，力求恢复与打造的形象一定要与原有的形象保持一致，否则受众会产生认知上的冲突，不利于长期的发展与建设。

3. 意见领袖支持发声

从媒体报道量及集中报道时间、报道角度的论述中我们发现，如果有业界知名人士替代道歉或为其辩解的行为，将会更加受到媒体的青睐。意见领袖拥有信任背书，一件事情是谁说的比说什么更容易让人相信。通过意见领袖为涉事方正面发声，同样也是一种信任背书，有利于维护其信任度。高校危机事件主体应当借助这个机会，在危机爆发期时，重视替代道歉策略和他者支持策略的应用。但替代道歉策略需重视选择主体的契合度与时机，否则易适得其反，给公众以不敢直面大众、推诿责任之感。

在选择意见领袖为涉事主体背书时，也需要慎重考虑其所在的领域与影响范围，最佳选择是直接或间接受害者中的意见领袖。2018 年 11 月 18 日，新东方集团董事长俞敏洪因涉嫌性别歧视言论引发巨大争议，随后公开发布了致歉声明。声明称其在某个论坛上阐释"衡量评价的方向决定了教育的方向"这一论点时，用女人找男人的标准举例，由于表达不当引起了大众的误解，对此表示歉意。此事在网络上引起了@张雨绮等一批明星大 V 的不满。随后的几日内，俞敏洪专程去到全国妇联机关，向广大女同胞诚恳道歉。2018 年 11 月 21 日，@中国妇女报表示俞敏洪的公开道歉得到广泛认可，反映了他作为教育工作者、知名企业家、长期支持公益事业的社会名人知错即改、善莫大焉的担当与勇气，值得肯定。当当网创始人@当当李国庆也为俞敏洪发声，表示各持己见是开放社会的标志。全国妇联机关、《中国妇女报》在此次负面危机中作为受侵犯的女性一方的代表表达了对俞敏洪的宽容与理解，为危机的化解起到了关键的作用。

总之，高校网络舆情危机管理是一项复杂的系统工程，要提高教育主管部门在危机事件中的回应能力，提高面对危机进行道歉的修复效果，需要从危机的事前—事中—事后进行联动，多措并举，多管齐下。将道歉行为制度化，从个人行为上升到组织行为，从教育主管部门入手进行综合治理，将教育行业的形象建设工作常态化，提高风险抵御能力，实现高校舆情危机管理的整体优化。

附录：2016—2018 年中国高校危机事件道歉样本汇总

序号	时间	案例名称
1	2016/4/18	武汉高校保安驾车碾压流浪狗
2	2016/6/27	四川一高校学位证印刷出错
3	2016/7/9	兰州一高校军训发生教官打学生事件
4	2016/8/20	兰州交大博文学院开除患癌女教师
5	2017/7/20	沈阳一高校强制学生到富士康实习
6	2018/4/22	徐州一高校教室学习资料被"清理"
7	2018/5/4	北大校长公开演讲中"鸿鹄"读错音
8	2018/5/11	兰州某大学一教授赶飞机辱骂地勤
9	2018/6/26	广东省岭南师范学院毕业证和学位证中拼音出错
10	2018/6/28	无锡职业技术学院学生宿舍调整引争议
11	2018/7/11	西安电子科技大学教授医院殴打医护人员
12	2018/7/17	中大学生会使用错误级别表述
13	2018/7/19	石家庄工程技术学校官微调侃先烈
14	2018/9/27	川大学生请丧假被拒上热搜
15	2018/10/19	浙大学生干部要官威
16	2018/10/23	大雾天高校依旧组织学生做早操
17	2018/11/6	基因编辑婴儿学者贺建奎现身国际会议道歉
18	2018/11/13	电子科技大学考研试题内容出现偏差
19	2018/11/28	高校误把考研答案当试卷发放

教育部直属高校抖音账号运营调研报告

近年来，抖音成了广受年轻人喜爱的新媒体平台，教育部直属高校也敏锐地捕捉到了这一新媒体的发展趋势，积极在抖音平台上开设官方账号。湖南大学网络舆情研究团队全面搜集、整理了 37 所教育部直属高校在抖音平台上开设的官方账号，分析了其基本运营状况、内容生产情况、优秀运营经验和存在的问题。

在此基础上，研究团队给出了用于提升高校抖音运营水平的可行性建议，以供教育主管部门、高校管理部门及高校运营团队参考。

一、教育部直属高校抖音账号运营的主要目的及现状

从 2018 年 3 月开始，部分教育部直属高校陆续通过自己的官方抖音账号发布首条视频，且账号粉丝量与总点赞数呈现正相关趋势。观察发现，各高校的官方抖音账号在运营效果上还呈现出严重的两极分化现象：一方面，以清华大学为代表的高校抖音账号的粉丝数量庞大，总点赞数不断攀升；另一方面，少数高校在注册账号后并没有持续更新，导致其粉丝量及总点赞数始终处于低位。

(一)教育部直属高校抖音账号运营的主要目的

调查发现，教育部直属高校运营抖音账号的主要目的大体上可以分为以下三类。

1. 满足学生线上观看校内趣闻的心理

教育部直属高校官方抖音账号转评赞最高的作品类型如图 3-3-1 所示，主要以休闲娱乐、活动宣传两类为主，传播信息的作品相对较少。这可能与抖音短视频 App 本身泛娱乐化属性有关，用户更愿意在抖音上看到一些欢快搞笑的视频。部分高校抖音之所以能够在开通之后迅速积攒大量粉丝，一定程度上与其在运营初期发布的制作精良的休闲娱乐类作品有关。高校通过发布轻松搞笑的内容鼓励学生进行模仿创作，从而积累人气，学生也在这个过程中满足了愉悦身心的需求。

教育部直属高校在创作及传播抖音作品时更多选择偏娱乐性的内容，也是为了满足学生学习之余获取休闲娱乐、轻松搞笑信息的需要。例如，天津大学发布的《各专业学生"摔倒"》视频，其创作思路汲取了风靡国外社交平台照片分享(Instagram)上的"摔倒"活动，从模特、明星等不同身份的人摔倒后掉落各种奇珍异宝的照片，演变为不同专业的学生"摔倒"后掉落各专业书籍、仪器的照片。视频一经发布，迅速带动了全校学生的积极参与，这条短视频的转评赞量也迅速攀升，搞笑之余也满足了同学们对外界展示自身学科特色的需要。

除了愉悦身心外，学生在使用抖音时的另一主要需求就是了解信息。高校使用抖音这种短视频的形式传播信息：一方面，其包含的信息量较之传统图文消息更加丰富；另一方面，抖音顺应了碎片化阅读的趋势，进一步加深了学生碎片化阅读的习惯，并加速了学生从图文阅读到视频观看的转换进程。此类需求在开学等时间节点最为突出，开学时大量新生涌入高校，渴望获取报到流程、院系介绍、建筑物位置等信息，此时如果有介绍相关信息的短视频作品，势必会在学生中引发不小的关注。华中师范大学官方抖音在 2018 年开学季期间发布的《新生入

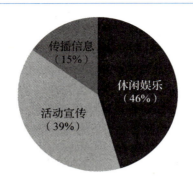

图 3-3-1 　教育部直属高校官方抖音账号转评赞最高的作品类型

学攻略》短视频作品，通过微信文字、语音对话的形式，模拟新生与高校卡通形象"华小诗"之间的对话，并在视频中对学校的宿舍条件、费用缴纳、门禁时间等进行介绍，让新生对高校住宿信息有一个大致的了解。此外，华中师范大学还发布了《小诗带你看华师》短视频作品。在视频中，虚拟形象"华小诗"穿越到现实中来到华师的各个角落，带领新生熟知校内各个地标性建筑物，以达到为新生普及信息的效果。

2. 增进学生对高校的归属感及认同感

高校抖音在满足学生传播、分享所见所闻需要的同时，也在一定程度上增进了学生对高校的归属感及认同感。多姿多彩的校园活动让学生有了发布、评论、点赞、分享的需求，通过观看、转发这些活动的抖音作品，提升了他们对高校的认同感和归属感。在众多大学活动中，军训、运动会、毕业季、晚会等由于是集体组织、统一服装、统一编排，在观看效果上更为整齐划一，使其更具话题性与传播价值，因而绝大部分高校抖音都会选择发布相关的抖音作品。例如，长安大学、江南大学等均发布了军训相关的作品，而上海财经大学、北京师范大学等则在毕业季主题作品上发力，相关作品的点赞量均过万，获得了较好的传播效果。

3. 树立高校视频媒体时代网络新形象

在短视频流媒体时代，高校通过在抖音这类全民短视频社交平台上，以时下最接地气的方式传播自己的教学环境、办学理念和人文情怀等，让身处全球各地的人了解高校、认识高校。部分高校将高校学子作为高校抖音作品的主要拍摄对象，将学生、校园紧密地结合在视频内容当中，让抖音作品深深地打上学生和校园的烙印。高校给人的感觉不再只是学术研究和传道授业的场所，也是充满青春与激情的，是帮助学生成长、成才、成人的精神家园。而这种网络新形象的塑造，恰恰是高校抖音所带来的。

(二)教育部直属高校抖音账号运营现状

目前，教育部各直属高校抖音账号运营暂处于起步阶段，且各直属高校之间抖音账号的运营效果差距较大。相较于校园微博及微信公众号，高校抖音账号运营仍有较大的后续发展空间。

1. 教育部直属高校抖音运营处于起步阶段

相较于微博和微信公众平台，教育部直属高校官方抖音账号运营还处于起步阶段，具体表现为教育部直属高校官方抖音账号开设比例较低、起步相对较晚、发展速度较慢。

如图 3-3-2 所示，教育部直属高校最早于 2018 年 3 月在抖音上发布自己的首条视频，而更多教育部直属高校是在之后才入驻抖音的。抖音平台在 2017 年 10 月开始进入高速增长模式，与之相比，高校抖音的起步时间足足晚了近半年。高校选择在这个时间段集中入驻，可能与高校在临近毕业季和开学季期间宣传需求相对较大有关。高校在此期间通过抖音平台发布相关主题的视频，更容易激起特定人群的情感，从而使账号在短时间内获取大量粉丝和点赞，为后续宣传工作的开展打下基础。

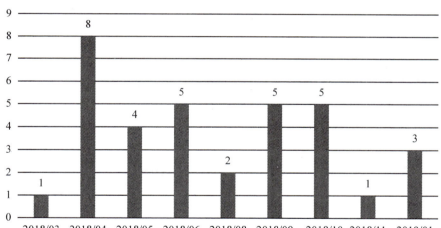

图 3-3-2　教育部直属高校官方抖音账号首条视频发布时间（单位：条）

截至 2019 年 1 月 31 日，在 75 所教育部直属高校中，只有 37 所高校开通官方抖音账号，约占比 49.3%，不难看出教育部直属高校抖音运营发展速度相对较慢。抖音深受年轻人喜爱，发展势头不输微博和微信。高校宣传和舆情引导工作既要重视微博、微信平台，也应向短视频时代迈进，入驻抖音平台。

2. 教育部直属高校抖音账号运营仍有较大的发展空间

教育部直属高校官方抖音与非教育部直属高校抖音之间的热度相差较大，特别是在总点赞数与粉丝数这两个指标上较之非教育直属高校抖音偏低。以"四川西南航空职业学院"及"中国人民公安大学"为例，截至 2019 年 1 月 31 日的数据显示，这两所学校分别位居非教育部直属高校抖音总点赞数及粉丝数前两位，它们的总点赞数分别达到了 2 220.1 万次和 648.8 万次，粉丝数则分别为 123.1 万人和 86.7 万人。而"浙江大学"抖音账号的总点赞数及粉丝数位居教育部直属高校官方抖音首位，其总点赞数及粉丝数则分别是 608.3 万次和 79.8 万人，两者之间仍存在一定的差距。非教育部直属高校抖音善于结合自身学校的特点创作相关的短视频作品，同时针对各个时间节点与网络热点，创作出具有时效性的视频作品，获得了诸多点赞和其他互动。不难发现，教育部直属高校官方抖音运营效果难尽人意，仍有较大的提高空间。

3. 教育部各直属高校抖音账号运营的效果差距较大

除了与非教育部直属高校抖音运营存在较大差异外，教育部各直属高校间的抖音账号运营效果的差距也着实不小，具体数据指标仍体现在总点赞数与粉丝数上。以总点赞数为例，截至 2019 年 1 月 31 日，浙江大学、上海交通大学和清华大学的总点赞数为教育部直属高校抖音前三名，它们的点赞数分别为 608.3 万次、603 万次和 213.4 万次，然而其他教育部直属高校抖音总点赞数与这三所高校相比还相去甚远。显然，抖音账号的总点赞数与粉丝数能够在一定程度上反映抖音账号的运营效果，正是由于这三所高校抖音账号运营效果较好，才使得其总点赞数以及粉丝数节节攀升。

二、教育部直属高校抖音账号运营的优秀经验及存在的问题

目前，教育部直属高校抖音账号运营仍处于探索阶段，但在发展过程中少部分教育部直属高校逐渐把握了抖音账号运营的规律，能持续输出精彩内容，其优秀经验值得借鉴学习。但是，大部分教育部直属高校尚未找到适合自身发展的特色之路，在抖音账号运营过程中出现了一系列问题。

(一)教育部直属高校抖音运营优秀经验

高校抖音账号由于其主体的特殊性，往往自带流量，再加上抖音平台的制度鼓励和技术支持，高校抖音账号发布的内容相较于普通用户上传的内容而言更容易获得关注。如果高校抖音账号运营得当，对高校自身的形象建构以及宣传工作等方面都会起到积极、正面的效果，有利于高校各项工作的推广。

在调研案例中，浙江大学、上海交通大学和清华大学三所高校的官方抖音账号运营表现优秀，包揽了 37 所教育部直属高校抖音账号发布的全部作品点赞量前三名。其中清华大学单条抖音视频获赞数排名第一，点赞量破百万；浙江大学抖音视频获赞量破万率较高，286 条抖音视频中有 118 条点赞数过万，破万率约高达 41%；上海交通大学发布的抖音视频产生的爆款最多，点赞量排名前 10 的榜单中，上海交通大学有 6 条抖音视频上榜。这 10 条抖音视频的主题内容多围

绕校园特色进行展开，其内容丰富、趣味性高，形式多样、新鲜感强，推送时间精准、热点话题利用巧妙，也为这三所高校收获了一大批粉丝，积累了大量点赞，并吸引了众多用户的评论互动及收藏转发，增加了学校的社会曝光度，为高校的文化宣传也起到了一定的推广作用（表 3-3-1）。

表 3-3-1　37 所教育部直属高校抖音作品点赞量前 10 名（单位：万次）

学校	作品	表现形式	点赞量
清华大学	为祖国健康工作 50 年	师生齐舞	107.2
上海交通大学	理科生的小浪漫	学生书写创意表白公式	94.3
上海交通大学	考研加油	自行车逛校园（镜头加速）	65.6
浙江大学	浙大全能美女学霸	该女生文体艺等多张代表性照片展示	61.9
上海交通大学	你笑起来真好看	运动会人物细节捕捉，打造"别人家孩子"形象	58.3
浙江大学	捕捉身边的美好	浙大 80 岁教授蒋克铸教授上课场景	56.8
浙江大学	秀出我的浙江大学录取通知书	浙江大学通知书制作过程展示	50.2
上海交通大学	我的大学，致敬先辈	展示李政道先生在美国与中国来往的信件（摇镜头）	34.1
上海交通大学	文科生的小情调，你想见的人在那里啊	画面加配音（配音选取的是抖音热门背景声）	29.0
上海交通大学	2019 凌晨的交大，总有你不知道的故事	人物采访（食堂阿姨工作记录）	27.7

1. 坚持内容为王

爆款抖音视频产出的关键核心在于其内容创作，精彩的视频内容才是获得用户关注的根本所在。通过分析我们发现，对于如何创作出高质量的抖音视频可以从以下几个方面思考。

第一，组建一支专门的抖音运营团队。据了解，清华大学官方抖音是由清华大学党委宣传部下设的清华电视台负责运营的，其中所有的工作人员全部为清华大学的全职教师，专业知识储备丰富，实操能力过硬。运营团队内部分工明确，抖音的选题，内容的拍摄、剪辑，数据的收集、分析等都有专职教师负责，严格把控每条抖音内容的质量。截至 2019 年 1 月 31 日，清华大学官方抖音账号虽然仅发布30条抖音视频，但其中就有23条点赞数破万，最热门视频点赞数高达107.2万次，评论数2.4万条，收藏转发数4 114次。清华大学官方抖音账号粉丝数量也呈现出爆炸式增长态势，一跃成为这37所教育部直属高校中粉丝数量最多的高校。

和清华大学一样，浙江大学官方抖音同样组建了一支专门的运营团队。不同的是，浙江大学官方抖音账号由师生共同运营。浙江大学宣传部网络信息办公室负责新媒体传播的一名专职教师为主导，同时带领4名有拍摄、剪辑、视频制作等特长的学生协助运营工作。相比于老师，学生年纪小，创意多，更了解时下的流行元素，对于校园内的各种动态了解途径也更多，可以更快地捕捉到校园的新鲜资讯，能针对时下学生群体中最流行的事物、最感兴趣的话题拍摄相关视频。这样拍出来的视频既迎合了用户喜好，同时又有教师主导把关，保证了内容高质量输出。

第二，丰富视频内容的表现形式。根据艾瑞咨询报告显示，抖音短视频的观看群体年龄主要为"90后""95后"，甚至是"00后"，其中"95后"的占比超过50％。这些用户的主要特点表现为喜欢尝新，且接受度高，有一定的文化素养，因此通过一些别出心裁的表现形式展现日常生活，"新瓶装旧酒"也会让人眼前一亮。例如，上海交通大学抖音视频"理科生的小浪漫"，一个男同学将黑板上的数学公式擦掉上半部分，变成了"I love you"的英文表白。该视频里展现的内容是大家熟悉的，但表现形式却是创新、丰富的。将枯燥的数学公式稍做修改变成浪漫表白，新颖的内容满足了用户的猎奇心理，因此该条视频获得了94.3万次点赞、4 146条评论与1.5万次收藏转发。同样是表达情感的抖音视频，上海交通大学的抖音视频"文科生的小情调，你想见的人在哪里啊？"没有采取传统的表现方式，而是利用"寄情于物"的手法来展现。将镜头置于落叶中，拍摄落叶从树上掉落时的场景，再配上抒情的画外音，营造出的文艺感，不仅贴合主题，同时叩击人的情感最深处，使众多用户产生了共鸣，因此该条抖音视频下也有1.4万条用户评论。

第三，主题多围绕校园活动展开。关注高校抖音账号的群体大多都是学生，因此容易在以校园文化活动为主题的视频中产生共鸣。此外，特色校园文化活动也是高校抖音账号的内容优势，大学生活多姿多彩，校内活动参与人数众多，在这样的氛围下，能最大限度地激发出学生的创意，营造出震撼的气势，使视频内容更加吸引眼球。大一入校的军训、贯穿四年的运动会、各式各样不同规模和主题的晚会、大四临别前的毕业典礼，无一不是挥洒青春和汗水的舞台，这也是最容易出现爆款的抖音作品题材。

2. 善抓时间节点

如果说视频内容是制造爆款的基础核心，推送时间的选择则是打造爆款的

"神助攻"。虽说抖音平台最大的特点是流量的去中心化，不过为了吸引更多高校或官方组织机构入驻抖音平台，抖音平台会相应地给予一些"红利"作为支持。相对于普通抖音用户而言，高校官方抖音账号会得到稍多一些的初始流量支持。通俗地说，就是抖音平台会将官方抖音账号发布的抖音短视频推荐给更多的用户，提高视频被用户"刷"到的概率。当视频能被更多用户观看到时，该条视频获得点赞、评论、被转发的机会也会增加。若是该条视频达到了一定的点赞、评论、转发量，则系统会自动将该条抖音视频的内容判定为"优质内容"，并给其分配更多的流量，也就是抖音系统的"叠加推荐"。最终该条视频会被推荐给更大范围的用户看到，继而又获得更高的关注度和更多的流量，产生"叠加效应"，扩大了视频的影响力。如果在推送抖音视频时能够把握一定的规律，在一定程度上也能提高视频的关注度。据了解，清华大学抖音运营团队对每条推送的抖音视频都会进行数据分析，其中就包括了对推送时间的把控。一般情况下，清华大学官方抖音账号，一天只推送一条抖音短视频且更倾向于选择在当天上午进行发布，这意味着视频在平台上展示的时间会更久，能最大限度地利用好抖音平台给予的"流量红利"支持。

除了把握一定的推送时间规律外，学会"趁热打铁"推出内容也是增加视频关注度的一个"捷径"。在抖音上，有一个现象很常见，一个视频火了以后，其他类似视频也很容易受到关注，甚至有时出现在热搜榜上的高赞、高评论、高转发的"三高"爆款视频是同一个主题内容，只不过创作者不同而已。所以高校官方抖音账号也应该学会把握时机"蹭热度"，为自己赢得更多的流量关注。在这一点上，浙江大学就做得很好，高考季、毕业季、军训季都是比较具有热度的特殊时间节点，在浙江大学官方抖音账号中，以毕业季为主题拍摄的抖音短视频就有 7 条，其中 4 条点赞量都破万。有一条视频更是蹭了"毕业季"以及当时风靡抖音平台的"海草舞"两个热点，视频中十几个浙江大学毕业生身着学士服有序排开，大跳海草舞，整齐划一的动作中洋溢着青春的气息，给人以强烈的视觉冲击，既展现了浙江大学的校园景观，又让众多抖音用户看到了浙大学子的个性。该条视频收获了 1.2 万次点赞，众多抖音用户纷纷调侃道"未来的精英真接地气""学霸们还挺会玩""'神一样'的大学"。

3. 多方式促互动

和传统媒体单向传播有所区别，新媒体最大的特点及优势在于传受双方能实现双向交流互动。良性的互动关系有助于拉近传受双方之间的心理距离，更好地维系与用户之间的关系。一个运营状况良好的高校官方抖音账号不仅要有很强的吸粉能力，同时还要懂得如何维护现有粉丝不流失，保证分发视频的观看受众数量。粉丝数量基数越大的账号越容易生产出爆款视频，生产出爆款视频后又能够吸引到更多粉丝关注，从而形成良性循环。因此在运营过程中除了要保证输出内容的质量外，还要注重和粉丝之间的互动，调动粉丝参与点赞、评论与转发的积极性，提升粉丝对账号的忠诚度，真正做到不仅能吸引住用户，还能维系好用户。

浙江大学官方抖音账号经常会开启评论或转发抽奖模式，用户在抖音视频下留言就有机会获得浙江大学送出的礼品，这样用户就乐于去参与评论与转发。评论、转发数据提高，系统则会依据算法给视频分配更高的流量，该视频就会被更多用户看到并且关注，视频曝光度增加的同时也增加了账号曝光度，实现了双方的互惠共赢。除了以评论抽奖这种形式与用户互动，浙江大学还会与用户进行私信互动，回复用户在后台的私信或者是从用户私信内容中找寻拍摄灵感，这大大提升了用户归属感和习惯性，进一步加强了与用户之间的连接。

此外，了解并满足用户的需求也能更好地加强用户黏性，获取更高的关注度。在用户原创内容大环境下，抖音平台每天都要产生海量的视频内容，用户不可能像"魔弹论"中提到的那样被信息一击即中，而是有极大的自主选择权。对于自己不感兴趣的内容，用户可以直接跳过；对于那些满足了自身观看需求、符合自己喜好的视频内容则可以进行点赞、评论或收藏、转发。换言之，抖音上的高赞视频，在一定程度上来说，就是满足了用户的某种情感需求，激发了用户内心的共鸣。通过观看大量抖音视频我们发现，在抖音上容易引起较高关注的主题主要包含"明星""网红""热舞""搞笑""情感""正能量"等元素。不同于普通用户抖音的是，高校抖音在主题选取上需要考量更多的因素，不能一味追求流量而过分娱乐化。通过观看清华大学、浙江大学、上海交通大学官方抖音账号中的高赞视频我们不难发现，这些视频的主题大多都是集中在"情感""学习""优秀典型人物""正能量"等方面，这类题材属于容易登上抖音热门榜单的范围，既能突出学校特色，弘扬学校精神，宣传学校文化，又不至于过分娱乐化。而且由于这类视频常常能够直击人心灵最深处，引发大众共鸣，所以更容易被传播。比如，在上海交通大学"2019 年凌晨的交大，总有你不知道的故事"的抖音视频中，食堂阿姨边做早餐边笑着说："我早上早点来，把品种多做一点，为了你们吃好一点，我的青春都在交大，陪伴你们"。该视频不仅温暖了交大学子的心，也触动了广大抖音用户内心最柔软的部分，同时也向大家展示出了上海交通大学充满温情和人文关怀的校园风气。一些用户纷纷留言评论："阿姨真的善良，一声呵呵的笑声，像母亲一样疼惜孩子。""为那些默默无闻付出的人们点赞！""重点大学餐厅的阿姨说话都透露着名校风采！"

（二）教育部直属高校抖音账号运营存在的问题

截至 2019 年 1 月 31 日，在这 37 所开通了官方抖音账号的教育部直属高校中，有 8 所高校官方抖音账号的视频总点赞数还未破万，其中更有三所高校一条动态都暂未发布，账号点赞数为零，官方抖音账号形同虚设。正视教育部直属高校抖音账号运营存在的问题是对其进行优化的前提。

1. 内容产品校园色彩不突出，缺高校特色

前文提到，当前教育部直属高校抖音运营尚处于初级阶段，暂未形成成熟的、体系化的运营模式。所以大部分入驻抖音的教育部直属高校，在内容输出上还是以模仿为主，缺乏创新，视频内容的校园色彩未被凸显，暂未建构出高校抖音账号的风格特色，发挥高校的榜样作用。通过调研我们发现，这 37 所开通了官方抖音账号的教育部直属高校，发布的抖音视频主题大多都是以娱乐休闲为主，尽管此类作品容易在短时间内聚集人气，提升账号关注度，但如果过多的发布偏娱乐化的内容，也会让高校在运营抖音账号中凸显出泛娱乐化的问题。此外，由于部分高校在策划编排、拍摄录制、后期制作等诸多方面缺乏专业化人才，导致高校之间的抖音视频内容的质量参差不齐，同质化现象严重，而与高校自身相关的精品化优质内容输出较少，很难持续生产出爆款视频。

2. 视频更新频率低，致用户关注度不高

和普通的抖音用户相比，抖音平台会在一定程度上给予高校官方抖音一些扶持，高校官方抖音只要在抖音平台上发布视频，该视频就有机会被推广到更多抖音用户的手机上。所以高校对官方抖音账号进行良好的管理运营，有规律地定期推送视频内容，多刷"存在感"是有利于账号吸粉的。但是通过观看这 37 所教育部直属高校官方抖音账号的视频发现，部分高校抖音账号视频推送频率较低，时间间隔较长，有的高校官方抖音账号甚至是两个月都不更新一条动态，导致官方抖音账号存在感较低，不为用户们所知晓，因此发布的视频很难吸引到更多的用户关注，即使发布的视频吸引到了一定的粉丝数量，但由于账号动态更新缓慢，也很难维持住原有的粉丝。

3. 运营体系不成熟，难以持续创新

通过研究总结发现，各高校发布的抖音视频单个作品获赞数破万率较低。在这 37 所高校抖音账号中，除去三个零更新状态的高校官方抖音账号，有 14 所高校的官方抖音账号没有一条作品点赞数破万。部分高校可能在发布的多条抖音视频中偶有一两条视频获赞数破万，但通常情况下在制造出了具有话题度的爆款视频之后，后续也很难持续创新生产出与之体量相当的作品。这就表明，目前高校抖音的运营体系暂不成熟，运营者对于如何持续创新，源源不断地生产出大家喜闻乐见的抖音视频还没有一个非常系统的认知，暂未掌握其中的创作规律，对于成功经验的总结和学习还有所欠缺。同时，我们发现，部分高校的官方抖音账号是由学生负责主要的运营工作，没有组建专业的运营团队，缺少相关知识的系统

学习。此外，由于学生主要以课业为主，无法把更多的精力放在抖音运营上，而要保持内容的创新性是需要投入大量的时间精力进行策划的，因此无法像有专业团队运营的那样，能严格地把控好每条抖音视频的质量，并保证高品质的精品视频持续不断地输出。

三、教育部直属高校完善抖音账号运营的建议

针对前文所述的教育部直属高校抖音账号运营存在的问题，课题组分别从教育主管部门、高校管理部门及高校抖音账号运营团队三个主体层面，就如何更好地运营好高校抖音账号，发挥平台效应，宣传高校特色校园文化，建构高校良好形象给出以下建议。

(一)教育主管部门要牢牢把握舆论引导方向

随着抖音短视频不断发展和完善，可以预见的是，未来将会有更多的教育部直属高校入驻抖音。要确保教育部直属高校官方抖音能够平稳有序地发展，教育主管部门要积极发挥其主导作用，严格把控各教育部直属高校官方抖音的运营，确保这类高校官方抖音正常运营，发挥教育部直属高校的示范作用。

1. 主动谋篇布局加强规划

随着抖音的爆红，越来越多的学生也成了抖音的忠实用户。为了更好地开展工作，教育主管部门也应顺应潮流，把握抖音等短视频平台发展运营的内在规律，从而进行整体的规划和布局，保障各教育部直属高校的官方抖音能在规范化的指导下有序运营。

教育主管部门应主动作为，对一些较为成熟的高校抖音进行推广，共同建设抖音等短视频高校阵地。在每年年初时，教育主管部门应积极与已入驻抖音的教育部直属高校进行交流，采取以高校为主、主管部门为辅的形式共同制定新一年重大事件及时间节点表格，并针对可能存在的宣传重点，制定新一年抖音内容运营方案。比如，可以抓住春节、教师节、国庆节等多个时间节点，由主管部门将相关信息分发给各高校，各高校再根据自己的实际情况，制作一些弘扬正能量、传播主旋律的作品，在一段时间内形成抖音平台上的规模效应，在营造喜气祥和的氛围的同时，提升高校抖音账号的影响力。

2. 正面疏导为主引导舆论

抖音作为一个泛娱乐化的短视频平台，其中的内容纷繁复杂，如果高校学生一味沉迷于此，可能会对他们的身心造成不良影响。教育主管部门应重视对其的管控，引导学生对抖音形成一个正确的、良好的认知，通过各种方式，让学生能够了解抖音，并能够自觉地遵守网络短视频的相关规定，不观看、不发布有害视频。同时，要提高大学生的自律意识，提醒他们不要过度沉迷抖音，要以学习为

主，合理安排自己的时间。

此外，教育主管部门还可以鼓励组建区域性的高校抖音联盟，组织一些教育部直属高校抖音运营交流活动，让各高校学习、借鉴其他高校的成功经验。高校抖音发展到今天，已经成为高校媒体中不可或缺的重要一环。高校抖音之间互相交流，也能够促进高校媒体的共同进步，从而形成更加强有力的传播力量。

(二)高校管理部门宜整合校内宣传资源

高校管理部门作为高校抖音团队的直接负责人和领导者，除了要建立相应的责任机制，确保高校抖音平稳有序运行之外，更要在重大事件或者突发事件来临时主动应对、积极作为，整合校内媒体资源，进一步加强高校宣传工作。

1. 规范高校抖音账号运营制度

高校管理部门应加强对本校抖音的管理、指导和规范，应与教育主管部门联动，共同建立科学、有效的教育部直属高校抖音管理制度。教育部直属高校在入驻抖音前后应该向当地或国家教育主管部门提交关于本校抖音运营的规章制度，具体可包括例会与总结制度、纳新培训制度等。高校管理部门应指派相应领导对本校抖音直接负责，在提交给上级部门的规章制度中，也应写明本校抖音运营的主要负责人及运营概况等。负责人需严格把控高校抖音发布的内容质量，如有出现违法违规的内容，应立即予以叫停。对于运营情况较好的高校，也可以适当予以奖励。

2. 打造高校立体化全媒体格局

目前国内大多数高校都有以校报、校广播站、校电视台等为代表的传统媒体以及校园微信公众号、校园微博等为代表的新媒体共同构成的传播体系，但由于受众主要是本校师生，因此相关内容的传播范围较为局限。而在抖音上，爆款抖音短视频的浏览量能达到几十万，甚至是成百上千万，这是校级媒体甚至是"两微一端"都很难做到的。因此高校管理部门可以统筹校园内各媒体，通过官方抖音与原有的校园传播体系进行充分联合，各媒体的运营主体之间进行高效合作、内容共享、资源互通，构建以传统媒体为基础，以传播量更大的新媒体为主要传播途径的新型传播框架体系，形成高校立体化的全媒体格局，充分发挥各传播方式的优势，达到传播效果最优化。例如，高校官方抖音账号的抖音视频选材可以从校报、校广播站、校电视台等校园媒体中选取，将原本只在校园小范围传播的事迹，通过抖音平台的传播让更多用户了解，扩大传播范围，以达到更好的宣传效果。

(三)高校抖音账号运营团队主动构建具有特色的校园形象

高校抖音账号运营团队作为官方抖音账号的运营主体，应该思考如何有效利用抖音平台，通过视频内容输出的形式来树立高校的良好形象，展现高校的特色文化，弘扬社会主旋律，以吸引更多用户的关注。

1. 构建高校多样化的新网络形象

使用抖音的用户主要是以年轻人为主，而这个群体常常会被新奇、好玩、有特色的内容所吸引。因此，高校运营团队要使输出的视频内容达到更好的传播效果，就要在内容创作上满足用户需求，在内容表现形式上消除与年轻群体的代沟，善于打破大众传统印象，以新的方式包装、打造自己，给自己构建一个新的网络形象，拉近与大众之间的距离，获得更多大众好感，这也有助于高校宣传工作的开展。以往大众对于这类教育部直属高校的了解大多都来自各种新闻报道，且多数内容是围绕学术方面进行展开的，而大众更好奇的高校里有趣的、有意义的那部分内容往往没有被展示出来。因此各教育部直属高校可以利用抖音平台更多地分享一些校园特色文化、趣闻趣事，如师生上课时的一些趣味小互动等，从细节中挖掘亮点进行展示，让大众对学校有全新的认知，从而主动去了解更多高校的特色文化。

2. 凝练高校主流化的正能量文化

由于主体的特殊性，各教育部直属高校官方抖音账号在发布抖音视频时不能为了获得更高的流量和用户的关注而发布一些哗众取宠的内容。高校运营团队要尽量避免内容的过度娱乐化，以正面宣传教育为主要原则，弘扬具有高校特色的主流正能量文化对于教育部直属高校官方抖音而言更加具有现实意义。这类抖音视频不仅能凸显出学校的文化底蕴、人文关怀，同时也能更好地构建学校良好的正面形象。

此外，高校抖音的目标用户大多数是学生群体，他们的世界观、人生观、价值观尚未形成成熟的体系，容易被大环境所影响。因此教育部直属高校官方抖音账号更应该注重其发布抖音视频的价值导向，展现社会温情，凝练正能量文化，弘扬社会主旋律，在潜移默化中对用户进行教育。

第四部分　大事记

1 月

1. 北航长江学者陈小武性骚扰女学生

1月1日，女博士罗茜茜实名举报北京航空航天大学教授、长江学者陈小武存在性骚扰女学生的行为，并表示已收到5位陈小武的女学生的举报材料。1月11日，北航发布通告，决定撤销陈小武教师职务。1月14日，教育部决定撤销陈小武的"长江学者"称号，停发并追回已发放的奖金。

2. 11 名女大学生哈尔滨旅游遇车祸

2017年12月31日7时许，9名北京林业大学学生、1名湖南农业大学学生及1名辽宁工程技术大学学生在哈尔滨境内乘坐私家车旅游时发生车祸，造成4死5伤，死亡学生均系北京林业大学学生。1月3日，北京林业大学官方微博发布回应，称已第一时间启动应急预案。当地公安局交警大队认定，涉事车辆涉嫌追逐竞驶，行驶中超速。

3. 安徽合肥一小学女教师"高铁扒门"被停职

1月5日，合肥市一小学女教师罗某以等老公为由，在蚌埠南开往广州南站的G1747次列车在合肥站停站时，用身体强行阻挡车门关闭，导致列车晚点，引发舆论热议。1月9日，合肥市庐阳区教体局对涉事女教师做出了停职检查的处理决定。

4. 2017 年国家科技奖：70 所高校作为第一完成单位获奖

1 月 8 日，2017 年度国家科学技术奖励大会在人民大会堂召开。全国共有 70 所高等学校以第一完成单位身份在 2017 年度国家自然科学奖、国家技术发明奖、国家科技进步奖中获奖。清华大学获得 11 项奖项，总数位居第一，北京航空航天大学、西安交通大学并列第二。

5. "儿童邪典片"流入中国

1 月，有家长称在国内几大视频网站（优酷、腾讯等）中发现存在大量儿童邪典片。短片以经典卡通形象，如佩奇、米奇、艾莎公主等为噱头吸引中小学生关注，但其内容含有暴力、色情、虐童等诡异情节。文化部等五部门于 2 月上旬至 4 月下旬开展了针对网络直播平台传播低俗、色情、暴力等违法有害信息和儿童"邪典"动漫游戏视频的集中整治行动。

6. 清华副校长施一公请辞全职 执掌西湖大学

1 月 9 日，中国科学院院士、结构生物学家、清华大学副校长施一公辞去清华大学副校长职务，将全部精力投入到正在筹建中的西湖大学中去，同时保留在清华大学的教授职务。西湖大学于 2018 年 10 月 20 日正式成立。

7. 西安交大博士生溺亡 被传生前遭导师奴役

2017 年 12 月 25 日晚，西安交通大学药理学系在读博士生杨宝德溺亡。2018 年 1 月 8 日，杨宝德女友发文称杨宝德的博士生导师周筠长期"奴役压榨"杨宝德，导致杨宝德最终选择自杀。1 月 19 日，西安交通大学回应称，校学位评定委员会取消杨宝德导师周筠的研究生招生资格。

8. 中共中央、国务院印发《中共中央国务院关于全面深化新时代教师队伍建设改革的意见》

1 月 20 日，《中共中央国务院关于全面深化新时代教师队伍建设改革的意见》正式印发，这是中华人民共和国成立以来第一次以党中央名义专门印发加强教师队伍建设的文件，文件围绕全面加强师德师风建设，提升教师专业素质能力，提高教师地位待遇，确保政策举措落地见效等方面提出了具体举措，明确健全中小学教师工资长效联动机制。

9．"阳光智园"校服平台假借教育部装备中心"红头文件"强制收取服务费

1月22日，有媒体爆料，一个名为"阳光智园"的校服平台假借教育部之名，面向全国推广，该平台以"如果不与该平台合作，将被勒令退出校服市场"为由，要求校服生产企业缴纳货款4%的服务费。经查，该平台的运营商系北京一家民营企业。1月24日教育部装备中心发文，叫停"阳光智园"平台垄断服务。

2月

1．教育部：2025年要再创建3万所校园足球特色学校

2月1日，教育部召开新闻发布会，介绍2015—2017年全国青少年校园足球的发展情况。至2017年，我国提前完成了到2020年建设两万所校园足球特色学校的任务，预计到2025年将再创建3万所校园足球特色学校，推进校园足球教学改革。

2．中宣部等部门印发规范网络游戏市场管理意见

2月6日，中宣部等部门联合印发《关于严格规范网络游戏市场管理的意见》。该意见指出，我国网络游戏快速发展的同时存在文化内涵缺失、青少年网络沉迷等问题。该意见要求网游企业不能片面追求经济效益甚至唯利是图，要切实担负起内容管理的主体责任。

3．2018泰晤士亚洲大学排名：中国101所高校进入前350名

2月7日，泰晤士高等教育2018年亚洲大学排名榜单出炉，清华大学和北京大学分别位列亚洲大学排名第二名和第三名。排名收录了来自25个国家或地区的350多所大学，其中中国高校101所（其中，香港高校6所、澳门高校1所、台湾高校31所）。

4．国办：义务教育、学生资助列入中央与地方共同财政事权范围

2月8日，国务院办公厅印发《基本公共服务领域中央与地方共同财政事权和支出责任划分改革方案》。该方案将义务教育列入中央与地方共同财政事权范围，设立共同财政事权分类分档转移支付，对共同财政事权基本公共服务事项予以优先保障。

5. 教育部等六部门发布《职业学校校企合作促进办法》：明确校企合作形式

2月12日，教育部等六部门联合印发《职业学校校企合作促进办法》。该办法明确了职业学校校企合作的目标原则、合作形式等，建立起了校企合作的基本制度框架，并将遴选10个左右省份、100个左右城市、1000家左右示范职业学校(职教集团)和企业开展产教融合建设试点。

6. 教育部部署中小学招生：2020年前取消各类特长生招生 强调"十项严禁"

2月12日，教育部办公厅印发《教育部办公厅关于做好2018年普通中小学招生入学工作的通知》，要求逐步压缩特长生招生规模，2020年前取消各类特长生招生，继续清理和规范中考加分项目，强调"十项严禁"。

7. 浙江将在全省范围内试点施行小学早上推迟上学

2月23日，浙江省教育厅发布《关于在小学施行早上推迟上学工作的指导意见》。该意见指出小学一二年级学生早上最迟到校时间不得早于8点，冬季还应适当延迟，以确保学生充足的睡眠时间，为学生提供充裕的早餐时间、缓解小学"上学早、放学早、接送难"矛盾。

8. 教育部认定4 382所学校为"国防教育特色学校"

2月24日，教育部印发《教育部关于公布2017年国防教育特色学校名单的通知》，认定北京大学等4 382所学校为"国防教育特色学校"。4 382所"国防教育特色学校"中，本科院校196所、高职(专科)院校133所、普通高中1 160所、中等职业学校700所、义务教育阶段学校2 193所。

9. 中办国办印发《关于分类推进人才评价机制改革的指导意见》

2月26日，中共中央办公厅、国务院办公厅印发《关于分类推进人才评价机制改革的指导意见》，提出将建立分类人才测评评价体系，将品德列入评价事项，人才素质测评工作将以国家发展需求及社会企业需求为依据。

10. 教育部：全国超八成县(市、区)义务教育实现基本均衡

2月28日，教育部发布《2017年全国义务教育均衡发展督导评估工作报告》。该报告指出2017年全国有560个县通过国家督导评估，小学仍是攻坚的难点学段，2018年的目标是全国85％的县达到基本均衡。

3 月

1. 政府工作报告：发展公平而有质量的教育

3月5日上午，第十三届全国人民代表大会第一次会议在人民大会堂开幕，国务院总理李克强做政府工作报告。报告指出，发展公平而有质量的教育，要办好人民满意的教育，让每个人都有平等机会通过教育改变自身命运、成就人生梦想。

2. 教育部部长：让教育更加公平更有质量

3月16日上午，教育部部长陈宝生出席第十三届全国人民代表大会第一次会议记者会，并回答了记者提问。陈宝生围绕学前教育"短板"补齐、中小学生"减负"真正实现、优质教育资源均衡流向、进一步加强高校思政工作等问题做出回答。

3. 教育部：清理规范基础教育领域竞赛挂牌命名表彰活动

3月21日，教育部办公厅印发《教育部办公厅关于规范管理面向基础教育领域开展的竞赛挂牌命名表彰等活动的通知》。该通知要求原则上不得举办面向义务教育阶段的竞赛活动，明确强调了完善管理权限、重新登记核准、严格组织实施、强化日常监管、约束结果使用、推动社会共治六方面具体措施。

4. 代表委员关注"学前教育"："纳义务"还是"补短板"引热议

3月两会期间，鉴于学前教育市场出现的多种乱象，有代表和委员提出将"学前教育纳入义务教育"的主张，认为"学前教育义务制"能够缓解家庭压力，进而有效促进"二孩政策"的落地。对此，教育部回应称，我国目前尚不具备学前教育纳入义务教育的条件，当下主要任务应当是"补短板"而非"纳义务"。

5. 教育部：2018高招全面取消体育特长生、奥赛等全国性高考加分项目

3月21日，教育部印发《教育部关于做好2018年普通高校招生工作的通知》，对2018年普通高校招生工作进行全面部署，要求全面取消体育特长生、中学生学科奥林匹克竞赛、科技类竞赛、省级优秀学生、思想政治品德有突出事迹等全国性高考加分项目。

6. 北京大学英国校区启动仪式在英国牛津举办

3 月 25 日，北京大学英国校区在英国牛津"一塔湖图"新校园正式启动，这是北京大学的首个海外校区，也是中国高等学府第一次以独资经营、独立管理形式走出国门开办的海外分校，被外界誉为"中国高等教育历史上的一个里程碑"。

7. 上海长宁检方以涉嫌虐待被看护人罪对携程亲子园 8 名工作人员提起公诉

3 月 26 日，上海市长宁区人民检察院依法以涉嫌虐待被看护人罪对携程亲子园工作人员郑某等 8 名被告人提起公诉。2017 年 11 月，上海携程亲子园被曝教师虐待儿童，并疑似喂孩子吃芥末，事发班级幼童年龄均在两岁以下。

8.195 名教师入选第三批国家"万人计划"教学名师

3 月 27 日，教育部公布第三批国家"万人计划"教学名师入选名单，并对做好国家"万人计划"教学名师的培养支持工作进行部署。共有 195 名教师入选第三批国家"万人计划"教学名师，每位入选者将获得由中央财政拨款的 50 万元特殊支持经费。

9. 武汉理工大学通报研究生坠亡事件：已停止其导师研究生招生资格

3 月 29 日，武汉理工大学自动化学院研三学生陶崇园的姐姐发布微博称，其弟陶崇园系 3 月 26 日早上 7 点半突然坠楼身亡。陶崇园手机聊天截图显示其遭导师王攀长期压迫，被迫叫导师"爸爸"、给导师买饭打扫卫生、被导师阻止深造。4 月 8 日，武汉理工大学发布公告停止王攀的研究生招生资格。

4 月

1. 教育部印发《高等学校人工智能创新行动计划》

4 月 2 日，教育部印发《高等学校人工智能创新行动计划》。该计划指出到 2020 年，基本完成适应新一代人工智能发展的高校科技创新体系和学科体系的优化布局，高校在新一代人工智能基础理论和关键技术研究等方面取得新突破，人才培养和科学研究的优势进一步提升，并推动人工智能技术广泛应用。

2. 西湖大学获批设立 定位研究型高校 施一公任校长

4月2日，教育部正式批复同意设立西湖大学。西湖大学由社会力量举办，定位"高起点、小而精、研究型"，施一公拟应聘首任校长。截至4月，西湖大学首批19名博士研究生已入学，2018年计划招收博士研究生130名。

3. 上海深化高考综合改革试点 建立物理科目保障机制

4月4日，上海市人民政府发布《关于进一步深化本市高考综合改革试点工作的若干意见》。该意见指出，建立物理科目保障机制，引导促进高校精准合理提出选考科目要求，对于确需物理学科基础的理工类专业，在沪招生院校须体现引导考生选考物理科目的明确要求。建立保障机制，促使学生选考情况与国家专业人才选拔培养要求相统一。

4. 2018年北京高考：取消5类加分 新增公安英模子女优先录取

4月4日，北京市审议通过《关于做好北京市2018年普通高校招生工作的通知》和《北京市2018年普通高等学校招生工作规定》等文件。文件指出，取消"省级优秀学生""国家二级运动员以上称号的学生"等5类考生加分政策，公安英模子女报考高校，在与其他考生同等条件下优先录取。

5. 原北大教授、现南大教授沈阳被指北大任教期间性侵女生致其自杀

4月5日，北大校友李悠悠在豆瓣发文，实名检举现任南京大学文学院教授沈阳曾在1996年任教北京大学中文系期间，对女学生高岩实施性侵，并传播高岩是"神经病"的消息，给其身心造成巨大伤害，并导致高岩于1998年3月自杀。经查，1998年3月，北京市公安局西城分局做出事实认定，其中涉及沈阳行为不当、违反师德。1998年7月，北京大学中文系给予沈阳警告处分。沈阳本人否认存在性侵行为。2018年4月7日，南京大学文学院发布公告，建议其辞去教职，上海师范大学发布声明称终止其聘任。

6. 教育部：完善国家安全教育内容体系 设立国家安全学一级学科

4月13日，教育部印发《关于加强大中小学国家安全教育的实施意见》。该意见指出，要设立国家安全学一级学科，依托普通高校和职业院校现有相关学科专业开展国家安全专业人才培养。教育部遴选一批有条件的高校建立国家安全教育研究专门机构，设立相关研究项目。

7. 陕西咸阳连续被曝发生三起中师冒名顶替事件

4月14日起，陕西咸阳市三原县先后曝光三起学籍被顶替事件。第一起主人公叫荆高峰，1998年中专考试成绩以及学籍档案被同年级一名叫李敏的同学冒用，李敏后来进入当地教育局工作；第二起主人公叫张菊香，2000年中专考试成绩以及学籍档案被同年级一名叫王恒的同学冒用；第三起主人公叫年娟香，1995年被班主任收走未能收到中专复试通知，后精神抑郁，患上神经性耳聋。最终经调查，陕西三原县监察委对三起事件涉案人给予了相应的处理。

8. 教育部、国家语委发布《中国英语能力等级量表》

4月17日，教育部、国家语言文字工作委员会发布《中国英语能力等级量表》，自2018年6月1日正式实施。等级量表作为国家语委语言文字规范，依据我国英语学习者能力的实证数据，将学习者的英语能力从低到高划分为"基础、提高和熟练"三个阶段，共设九个等级。

9. 厦门大学一女生网络发布辱华言论

4月19—20日，厦门大学环境与生态学院在读研究生田佳良以"@洁洁良"的网名在新浪微博上发表发布辱华言论。学院最终给予该生留党察看、留校察看的处分，其本科院校辽宁师范大学也发布声明称将对相关信息进行梳理，并配合调查。9月1日，厦门大学通报，环境与生态学院博士生田佳良被开除党籍，终止田佳良博士培养，并做退学处理。

10. 国务院：全面加强乡村小规模学校和乡镇寄宿制学校建设

4月25日，国务院办公厅印发《国务院办公厅关于全面加强乡村小规模学校和乡镇寄宿制学校建设的指导意见》。该意见指出，要全面加强乡村小规模学校和乡镇寄宿制学校建设和管理，到2020年，基本实现县域内城乡义务教育一体化发展，为乡村学生提供公平而有质量的教育。

11. 陕西米脂一中学19名学生放学路上遭砍杀致9死10伤 嫌犯已被捕

4月27日18时许，陕西米脂县第三中学校外巷道发生伤害案件。犯罪嫌疑人赵某持匕首在米脂第三中学校外距校门150米处由西向东，对放学逆向而行的学生行凶，致19名学生(14女5男)9死10伤。犯罪嫌疑人被捕后称自己在校期间曾被学生欺负，怀恨在心，故实施报复。

5 月

1. 习近平总书记在北大考察并发表重要讲话

5月2日，北大建校120周年校庆日之际，习近平总书记考察北京大学，并在座谈会上发表重要讲话。讲话肯定了发源于北大的五四精神，激励广大学子为祖国建设添砖加瓦，并指出要培养德智体美全面发展的社会主义建设者和接班人，培养更多具有爱国情怀、社会责任感、创新精神和实践能力的优秀人才，推进教育事业科学发展，创建中国特色世界一流大学。

2. 湘潭大学两女生在校园遭成群流浪狗撕咬　校方：集中清理流浪动物

5月1日晚，湘潭大学化工学院一女生被6条流浪狗追咬，右手背和腰部两处被咬伤。5月2日16时，法学院一女生再次遭到多只流浪狗追咬，右腿后侧被咬伤，两位女生均及时到医院进行狂犬疫苗注射和伤口处理。校方随后开展了集中整治流浪动物行动。

3. 国务院：坚决防止因学校布局不合理致上学难甚至辍学

5月2日，国务院办公厅发布《国务院办公厅关于全面加强乡村小规模学校和乡镇寄宿制学校建设的指导意见》。该意见指出，各地要通过满足就近入学需求、解决上下学交通服务、加大家庭经济困难学生资助力度等措施，坚决防止因为学校布局不合理导致学生上学困难甚至辍学。

4. 北大校长校庆大会错将"鸿鹄"念成"鸿 hào"

5月4日，时任北大校长的林建华在北大120周年大会上，发表题为《大学是通向未来的桥》的讲话时出现口误，将"鸿鹄"念成"鸿 hào"，引发社会关注。次日，他在北大未名 BBS 上发表公开信，称自己并不是一个完美的人，强调"焦虑和质疑不能产生价值"。

5. 四川成都一幼儿园老师安排"严书记女儿"单独座位引不满 其母要求老师道歉

5月11日，成都金苹果爱弥儿幼稚园有家长称"市委副书记严春风的女儿欺负同学，幼儿园老师为其单独安排座位"。截图显示，微信群内署名为"严某某妈妈"的女士威胁幼儿园老师要将其开除。当天下午，成都金苹果爱弥儿幼稚园发布通告称"没有老师被开除的情况"。5月19日，四川省纪委监委通报：涉事广安市委副书记严春风涉嫌严重违纪违法，接受纪律审查和监察调查。

6. 教育部等三部委发布国家通用手语常用词表和盲文方案手语

5 月 21 日，《国家通用手语常用词表》和《国家通用盲文方案》获得审定和批准，于 7 月 1 日起正式实施，两份文件分别规定了通用手语常用词汇的规范动作和用盲文书写国家通用语言的规则。

7. 安徽六安部分教师讨薪维权 当地通报称未拖欠工资

5 月 27 日上午，因待遇发放问题，安徽省六安市部分学校教师集体讨薪。5 月 27 日晚，六安市公安局官方微博发布通报称，经调查不存在拖欠教师工资的情况，公安民警依法带离言行过激人员时，有少数公安民警执法方式简单粗暴，已对相关人员进行批评教育。

8. 云南西南林大原党委副书记、校长蒋兆岗涉案潜逃 已被抓获

5 月 30 日，曾任西南林业大学党委副书记、校长的蒋兆岗被云南省追逃办抓获。省委第八巡视组进驻西南林业大学期间，云南省公安厅对蒋兆岗发布 A 级通缉令进行通缉，并于 5 月 30 日抓获蒋兆岗，经初步调查，蒋兆岗或涉及云南省农信社窝案。

9. 中共中央办公厅、国务院办公厅：进一步加强科研诚信建设 严重违背科研诚信要求行为将被终身追责

5 月 30 日，新华社报道中共中央办公厅、国务院办公厅印发了《关于进一步加强科研诚信建设的若干意见》，要求各地各部门完善科研诚信管理工作机制和责任体系、严惩学术论文买卖中介服务机构、坚持零容忍建立终身追究制度。

6 月

1. 河南驻马店一教师因"将成绩发家长群被要求登门道歉"提出辞职

6 月 3 日，据媒体报道，河南驻马店西平县一小学老师因把学生在校默写古诗的成绩和照片发到了家长群里，引发了部分家长的不满，在被家长威胁要"登门道歉"否则就"到教育局反映"之后，该老师向学校递交了辞职书。

2. 2018 年高考作文：凸显时代主题 考查思维能力

6 月 7 日，全国高考语文科目考试结束，高考语言试卷的作文题共 9 道，3

道由教育部考试中心命制，其余 6 道由北京、天津、上海、江苏、浙江等省市命制，致力于讲好改革故事，凸显"新时代新青年""绿水青山""改革开放时代"主题，引导考生联系社会生活中的相关现象，进行开放性的独立思考。

3. 四川乐至一名高三班主任因管教违纪学生被家长带人暴打 涉事人被拘

6 月 10 日，因在校期间管教了上课玩手机、在校谈恋爱的违纪学生，四川资阳市乐至中学班主任杜某在高考结束当晚，接到同是教师的学生家长邀约后，被学生家长带来的人暴打了一顿。事后了解到，家长带来的打人者刘剑系乐至县住建局党委委员、房屋征收局副局长。乐至县公安局回应称，打人者刘剑因涉嫌寻衅滋事行政拘留 15 天、罚款 1 000 元。

4. 高考全国卷 I 理综单选题第 8 题被指出题不严谨 十省考试院：选 A 或 B 均给 6 分

6 月 11 日，微博上"@中二化学于老师"发微博称，2018 年高考全国卷 I 理综单选题的第 8 题出题不严谨，参考答案 A 及选项 B 均为正确答案引发关注。6 月 11 日晚，广东省教育考试院率先在其官方网站上发布公告，单选 A 或 B 均给 6 分，随后 10 个省份发布公告称单选 A 或 B 均给 6 分。

5. 河南信阳乡村女教师李芳为保护学生被撞身亡

6 月 11 日 17 时，河南信阳市绿之风小学二年级语文老师李芳随队护送学生从校门自西向东返家经过一个红绿灯十字路口时，一辆摩托三轮车闯红灯向师生们急速驶来且无刹车迹象，李芳冲上前去用自己的身体挡住学生，不幸被撞身亡。6 月 21 日，教育部决定追授李芳为全国优秀教师。

6. 上海小学语文教科书"外婆"改"姥姥"引争议 市教委要求整改

6 月 20 日，有网民发布微博称，上海小学二年级的语文课文第 24 课《打碗碗花》，原文中的"外婆"全部被改成"姥姥"，引发舆论热议。上海市教育委员会回应称，"姥姥"是普通话语词汇，而"外婆、外公"属于方言，原著作者李天芳表示出版社并未就修改问题联系过她，上海市教育委员会随后要求原文恢复"外婆"的表述。

7. 甘肃庆阳一高三女生跳楼身亡 生前称遭班主任猥亵

6 月 20 日下午，甘肃庆阳一 19 岁女孩在当地某百货大楼 8 层坠下身亡。坠楼女孩家属在网上发布信息称女孩名为李某奕，19 岁，曾就读于庆阳市第六中学，在受到班主任罗某厚的骚扰后被诊断为创伤后应激障碍，之后多次尝试自杀。罗某厚曾于 2017 年 5 月因强制猥亵罪被行政拘留十日。

8. 全国高等学校本科教育工作会议召开 教育部：以本为本 加强一流本科教育

6 月 21 日，教育部在四川成都召开全国高等学校本科教育工作会议。会议指出，坚持"以本为本"，推进"四个回归"，加快建设高水平本科教育，全面提高人才培养能力，造就堪当民族复兴大任的时代新人。

9. 我国首次对省级政府履行教育职责情况进行评价

6 月 26 日，国务院教育督导委员会向全国各地派出 32 个核查组，对 31 个省（区、市）级人民政府和新疆生产建设兵团履行教育职责情况进行实地核查，这是全国首次对省级政府履行教育职责情况进行评价。

10. 7 月 1 日起取消国内高等教育学历学位认证服务收费

6 月 27 日，教育部等三部门印发通知，决定自 7 月 1 日起，全面取消国内高等教育学历学位认证服务收费，已在高校学生学籍学历信息管理系统和学位信息管理系统相关数据库中注册的学历学位原则上实行网上查询和电子认证，下一步将大力推广电子查询认证服务。

11. 上海市世界外国语小学学生校门口遭砍杀

6 月 28 日，上海市世界外国语小学门外，1 名男子持菜刀砍伤 3 名男童及 1 名女性家长。2 名受伤男童经抢救无效死亡，另 1 名受伤男童和女性家长无生命危险。犯罪嫌疑人黄某系无业游民，因生活无着产生报复社会念头，进而行凶。

12. 针对中国海外留学生的"虚拟绑架"在多国发生 公安部提醒保持警惕、保护隐私

6 月，中国驻英国大使馆提醒在英中国留学生严防"虚拟绑架"骗局。诈骗分子冒充中国驻英国使领馆或国际刑警组织，冒用有关机构电话号码致电在英中国留学生，引导胁迫当事人切断与家人或亲友的联系，冒用当事人微信或手机联系当事人家长，谎称孩子被"绑架"，并发送事先拍录好的图片或视频，向家长骗取巨额"赎金"。公安部提醒海外留学生保持警惕、保护隐私。

7 月

1. 陕西师范大学一女生因身高不足 1.5 米无缘教师资格 省教育厅：拟取消身高限制

7 月 3 日，有媒体报道，陕西师范大学一女师范生因身高未达到标准而未能获得教师资格证。6 月 27 日，省教育厅教师资格办公室回应称，将对该女师范生特事特办，给予教师资格证，此外，还计划 2019 年取消教师资格证身高限制政策。

2. 贵州遵义两考生高考志愿遭恶意填报 涉事室友自首 志愿已更正

7 月 4 日，贵州遵义考生廖某、李某高考志愿被同寝室室友朱某恶意填报，并致其两人高考志愿无法修改，两人报警后，朱某向警方自首。事件起因系廖某、李某曾以朱某两次复读的经历开过朱某玩笑，朱某怀恨在心，于是借机报复。

3. 教育部等四部门：职业院校不得拒收符合录取标准的残疾学生

7 月 4 日，教育部等四部门发布《关于加快发展残疾人职业教育的若干意见》。该意见提出以中等职业教育为重点不断扩大残疾人接受职业教育的机会，要求职业院校逐步扩大招收残疾学生的规模，不得以任何理由拒绝接收符合规定录取标准的残疾学生入学。

4. 国务院：按实名制将高校毕业生等重点群体就业服务落实到人

7 月 4 日，李克强总理主持召开国务院常务会议，部署进一步做好稳定和扩大就业工作时指出，稳就业是经济发展的重中之重，也是最大的民生，强调要按实名制将高校毕业生等重点群体就业服务落实到人，加大就业培训和政策帮扶。

5. 中山大学教授、青年长江学者张鹏被举报持续性骚扰女学生 6 年 学校：暂停硕博导师资格

7 月 8 日，5 名女性举报中山大学社会学与人类学学院教授、青年长江学者张鹏从 2011—2017 年持续性骚扰女学生及女教师，5 名女性已于两个月前向学校纪委实名举报。中山大学称在 2018 年 4 月已对张鹏调查处分，给予了张鹏党纪政纪处分并在单位内部进行了通报。

6. 教育部发文治理幼儿园"小学化" 严禁教授小学课程内容

7月15日，教育部发布《关于开展幼儿园"小学化"专项治理工作的通知》。该通知要求，严禁幼儿园教授小学课程内容，幼儿园不得布置幼儿完成涉及小学教学内容的家庭作业、组织小学内容有关考试测验，社会培训机构也不得以学前班、幼小衔接等名义提前教授小学内容。

7. 教育部、财政部：三年招募一万名退休教师到农村义务教育学校讲学 首批今秋到位

7月19日，教育部、财政部发布《银龄讲学计划实施方案》。该方案指出为进一步加强农村教师队伍建设，充分利用退休教师优势资源，将面向社会公开招募一批优秀退休校长、教研员、特级教师、高级教师等到农村义务教育学校讲学，方案要求首批讲学教师于2018年秋季到位。

8. 中山大学学生会任命"正副部长级"学生干部引质疑 中纪委网站点名批评

7月19日，中山大学学生会通过微信公众号发布《中山大学学生会2018—2019学年度干部选拔公告》。该公告出现"秘书机构"和"组成部门"两层级，其中特别标明"正副部长级"，高校学生会"官本位"话题引发舆论热议。此后，中纪委网站刊发评论，指出要刹住"学生官"歪风邪气。

9. 首份《中国义务教育质量监测报告》：学生肥胖、近视、睡眠不足问题突出 校外学业类辅导比例高

7月25日，教育部发布我国首份《中国义务教育质量监测报告》，指出学生肥胖、近视和睡眠不足问题较为突出，四年级、八年级学生视力不良检出率分别为36.5%、65.3%。此外，学生家庭作业时间过长，参加校外学业类辅导班比例较高，学习压力较大。

10. 浙江乐清市翁垟一中原校长出逃 10 年连续 7 年被评为合格党员相关人员受党纪处分

7月31日，微信公众号"浙江省纪委省监委网站"发布文章，称乐清市翁垟一中原校长陈飞平因涉嫌挪用公款出逃后，依然从原单位领了两年的津贴、补贴，甚至连续7年被评为合格党员。翁垟一中7人、市教育局2人、翁垟街道3人分别受到党内警告、政务处分和诫勉谈话、约谈等处理。

8 月

1. 杭州文澜中学校长被指性骚扰女学生 曾暗示女老师权色交易

8月1日，杭州文澜中学一学生举报称，时任杭州第二中学初中部教导主任的任继长在一次训话中对其进行猥亵。随后，包括校友、教师在内的多人均表示，曾目击或亲历任继长性骚扰女教师、未成年女学生，有教师称该校长曾暗示只要"陪"他，即可获得"想要的前途"。

2. 教育部、国家卫生健康委员会拟将儿童青少年近视率纳入政府绩效考核指标

8月5日，教育部、国家卫生健康委员会共同起草《综合防控儿童青少年近视实施方案（征求意见稿）》。该文件指出，鉴于我国儿童青少年近视率居世界首位，到2023年力争实现全国儿童青少年新发近视率明显下降，将儿童青少年近视防控工作及总体近视率纳入政府绩效考核指标。

3. 河南四家长质疑考生高考答题卡被调包 纪委介入调查

8月5日，有媒体报道，河南四位家长通过查阅高考试卷，发现子女的答题卡中存在准考证号被涂改、存在多个笔迹、作文内容被篡改等问题，质疑考生答题卡遭调包。8月6日，河南教育厅发布情况说明，招生办回应称成绩准确无误，纪检监察部门介入调查。

4. 北大清华本科应届生符合条件可入沪籍引热议

8月7日，上海市高校毕业生就业工作联席会议制定公布《2018年非上海生源应届普通高校毕业生进沪就业申请本市户籍评分办法》，规定北京大学、清华大学应届本科毕业生符合基本申报条件可直接落户上海。有舆论认为此举对学校身份过分强调，也有人认为城市政策无可厚非。

5. 北京最大规模研究生考试作弊案宣判 6名组织作弊者被判刑

8月7日，北京市海淀区人民法院对近年来北京市发生的最大规模的一起组织考试作弊案件进行一审宣判。章无涯等6人利用无线传输方式在2017年全国硕士研究生招生考试管理类专业学位联考中组织30余名考生考试作弊，分别被判处有期徒刑1年8个月至4年不等刑罚，并分处1万元至4万元不等的罚金。

6. 教育部公示 2018 高校新增专业：大数据继续领先，人工智能最火

8月15日，教育部公示高校申报新专业和申请撤销专业情况。2018年全国高校申报的新增专业中，超过220所高校申报"数据科学与大数据技术"专业，申报"机器人工程""智能科学与技术"专业的高校超过100所。

7. 国办印发《关于规范校外培训机构发展的意见》培训机构不得一次性收取 3 个月费用

8月22日，国务院办公厅印发《关于规范校外培训机构发展的意见》。该意见提出四方面具体措施：明确设置场地标准、依法审批登记、规范培训行为、强化监督管理，并强调校外培训机构不得一次性收取超过3个月费用。

8. 国务院办公厅：科学规划教育支出 力争三年解决义务教育阶段教师工资待遇问题

8月28日，国务院办公厅印发《关于进一步调整优化结构提高教育经费使用效益的意见》，提出确保科学规划教育经费支出，合理确定阶段性目标和任务；中小学教师平均工资收入水平不低于或高于当地公务员平均工资收入水平，力争用三年时间解决义务教育阶段教师工资待遇问题。

9 月

1.《开学第一课》被指广告播放时间太长 央视道歉

8月22日，教育部发文要求每位学生及其家长于9月1日（星期六）20：00观看节目《开学第一课》。节目播出当晚，多数家长反映，《开学第一课》正片节目时间超过通知时间，且其片头广告长达15分钟，其中不乏大量教辅机构广告。对此，央视于9月2日发文公开致歉。

2. 河北科技大学公布调查结果：未发现韩春雨团队主观造假 已取消荣誉称号

8月31日，河北科技大学发布公告称未发现韩春雨团队主观造假，已取消其荣誉称号。2016年5月2日，韩春雨在《自然·生物技术》在线发表了一项新的基因编辑技术，有媒体称为"诺奖级"发现，但之后因大量学者称其实验结果无法复制，河北科技大学因此对其学术行为进行调查。

3. 教育部：严禁任何人、任何组织在校园内推介非法集资活动

9月4日，教育部印发通知，为进一步加强防范非法集资，要求各学校加强宣传教育，提高风险防范意识，加强日常监控完善风险防范机制，加强沟通协调，确保校园安全稳定。

4. 广东佛山一小学数学老师布置作业：在家数一亿颗米粒

9月6日，广东佛山一小学四年级数学老师布置作业，要求孩子在家一粒一粒地数出1亿粒米。据估算，1亿粒米重约8 333.3千克，每秒数一粒，不眠不休也要3年。老师解释说，其初衷是估算而非真的去数，希望孩子发挥想象力。

5. 武汉一小学学生流鼻血疑因塑胶跑道所致 官方送样检测

9月9日，武汉藏龙岛第二小学有家长反映称学校还未验收的塑胶跑道味道刺鼻，且在开学后陆续有学生出现流鼻血、过敏等症状，怀疑与跑道上的塑胶设施释放出的异味以及教室内的异味有关。当地教育局表示，检测结果显示该校所有教室与活动室不存在甲醛超标问题，塑胶跑道已送检。

6. 习近平出席全国教育大会并发表重要讲话

9月10日，全国教育大会在北京召开。习近平出席会议并发表重要讲话，代表党中央向全国广大教师和教育工作者致以节日的热烈祝贺和诚挚问候，指出全党全社会要弘扬尊师重教的社会风尚，提高教师地位，让广大教师享有应有的社会声望。

7. "2018－雷霆"专项行动破获百余起台湾间谍案

9月16日，焦点访谈报道，国家安全机关近年来组织开展"2018－雷霆"专项行动，先后破获百余起台湾间谍案件。台湾间谍情报机关瞄准大陆赴台青年学生群体，利用两岸扩大交流交往，组织安插大批间谍情报人员在岛内高校活动，以各种掩护名义哄骗利诱大陆赴台学生，利用学生从事间谍情报活动。

8. 英QS 2019全球毕业生就业竞争力排名：清华第9、北大第20

9月12日，QS全球高等教育集团发布了2019年度全球毕业生就业竞争力排名。清华大学以全球第9名的成绩，成为亚洲排名最高的大学，北京大学排名第20位。中国共有34所进入前500名。

9. 北京市教委：建立中小学弹性离校制度 课后服务至下午 5：30 禁止集体补课

9 月 18 日，北京市教委发布《关于加强中小学生课后服务的指导意见（试行）》。该意见指出要建立弹性离校制度，中小学在完成规定课时之后提供课后服务，时间到下午 5：30 时 30 分，坚决禁止学校借课后服务的名义组织学生集体补课、集体教学，坚决禁止以课后服务名义乱收费。

10. 山东菏泽一小学红领巾印广告事件：校长党内严重警告

9 月 25 日，山东菏泽开发区丹阳路小学向该校三年级小学生发放的红领巾上，被曝印有"菏泽万达广场"广告。菏泽市经济开发区网站发布通报称，小学校长吕咏梅对此事负有直接责任和领导责任，给予其党内严重警告处分。

11. 安徽公布 2019 年高考加分政策 奥赛加分完全退出历史舞台

9 月 25 日，安徽省教育招生考试院公布了《关于做好 2019 年普通高校招生考试报名工作的通知》，规定高考加分项共计 6 项，其中全国性加分项目 4 项、地方性加分项目 2 项，奥赛加分被取消。

12. 上海"携程亲子园虐童案"一审开庭 8 名被告人全部认罪

9 月 26 日，上海市长宁区人民法院开庭审理携程亲子园工作人员郑某等 8 名被告人犯虐待被看护人罪一案，8 名被告人均当庭表示认罪悔罪，并向被害人家属和社会致以诚恳的道歉。

10 月

1. 武大回应"大学生公寓发生性侵事件"：将对本校生集中管理

10 月 1 日凌晨，武汉大学被曝一校外成教二年级男性将一来武汉务工女性带至学生宿舍性侵，武大学生听到女性呼救后报警。校方决定对校外学生公寓进行相对集中住宿管理，尽快完成校外公寓宿舍楼各楼栋入口处门禁系统安装等措施，保障学生安全。

2. 长沙 60 余名小学生被罚跪 学校：天大错事 已解聘涉事老师

10 月 8 日，湖南长沙雨花区砂子塘小学号鼓队一外聘老师要求 60 余名小学生单膝跪地，以作惩罚。副校长称该行为持续时间为 15 分钟，并称此行为是天大的错事。10月9日，区教育局责成学校妥善处理，学校决定不再聘用该教师，并要求他向号鼓队同学道歉。

3. 高一女生借手机给同学玩游戏被老师收缴 写信以死威胁要手机

10月12日，湖南永州道县二中一高一女生将手机借给同学玩游戏，被班主任发现后被收缴。为索回手机，该女生写信以死威胁老师，并称如拿不到手机将选择休学。

4. 团中央学校部回应"学生会干部自律公约"：为推进改革

10月6日，北京大学、清华大学等41所高校学生会联合发起"学生干部自律公约"，表示坚决反对"官本位"思想。团中央学校部表示，该自律公约从9月起草，公约将坚决杜绝学生"官僚气"，团中央未来会出台更多制度保障，对学联、学生会组织存在的问题进行制度改革。

5. 华中科技大学18名本科生变专科生 因学分不达标

10月12日，华中科技大学18名应届毕业本科生因学分不达标从本科转为专科，其中11人已在6月按专科毕业。据了解，华中科技大学3万多名本科生中，在2017－2018学年，有210人因学分偏低受到黄牌警示，34人未达到培养计划学分最低要求受到红牌警示。

6. 西湖大学成立

10月20日，西湖大学在杭州举行成立大会，施一公担任西湖大学校长，西湖大学系中华人民共和国历史上第一所由社会力量举办、国家重点支持的新型研究型大学。

7. 央视调查作业App乱象：暗藏百款网游含涉黄游戏 客服竟称游戏能助学

10月20日，央视报道，有小学生家长反映孩子使用的作业App中存在游戏页面，且含有诱导付费界面，另有App将用户引导至微信等平台，推广涉黄游戏。该App平台客服称游戏机制是为了激励孩子多做题。有老师披露，该App推广人员曾许诺老师进行推广使用后为老师返还话费。

8. 涉论文抄袭、一稿多投 青年长江学者梁莹多篇论文"消失"

10月24日，南京大学社会学教授梁莹的学术成果近年来陆续在网上被删，其中至少 15 篇存在抄袭或一稿多投等学术不端问题。梁莹本人系教育部"长江学者奖励计划"青年学者计划等多个人才支持计划的入选者，并有多处高校留学记录。南京大学回应称，将成立调查组进行调查核实，如属实将严肃处理。

9. 重庆一幼儿园发生持刀伤人事件 14 名学生受伤 嫌疑人已被抓

10 月 26 日 9 时 30 分，重庆市巴南区鱼洞新世纪幼儿园发生伤人事件。教师带领全体幼儿做完早操，带幼儿返回教室途中，39 岁巴南区女性居民刘某突然冲入人群持刀行凶，伤及师生 14 人。嫌疑人被现场抓获，无人员死亡。10 月 29 日，国务院教育督导委员会针对重庆巴南区幼儿园的持刀伤人案发出紧急通知，要求各地教育行政部门和学校认真总结近期学校安全事故的惨痛教训，强化学校安防保障设施和人员队伍建设，结合本地实际，深入开展学校安全隐患大排查，对排查出的问题确保全面整改落实。

11 月

1. 重庆市教育考试院就"高考政审"一事致歉：发布信息把关不严，答复不准确

11 月 8 日，有媒体报道称，根据重庆市教育考试院发布消息发现，重庆市 2019 年普通高考政审不合格者不能参加高考。11 月 9 日凌晨，重庆市教育考试院发布说明，称此为重庆市教育考试院发布的信息内容表达不规范、不准确，把关不严格，导致社会公众产生误解。

2. 教师职业行为"十不准"发布：违反者要清除出教师队伍

11 月 8 日，教育部发布关于印发教师职业行为"十不准"通知。该通知指出，对有虐待、猥亵、性骚扰等严重侵害学生等行为的教师，一经查实，要依法依规撤销教师资格、解除教师职务、清除出教师队伍，并录入全国教师管理信息系统，不得再被聘用；涉嫌违法犯罪的将移送司法机关依法处理。

3. 最高检向教育部发出检察建议：健全完善预防校园性侵害机制

11 月 18 日，最高检向教育部发出《中华人民共和国最高人民检察院检察建议书》，建议进一步健全完善预防性侵害幼儿园儿童和中小学学生的制度机制，有针对性地加强顶层设计，加强对校园预防性侵害相关制度落实情况的监督检查，依法严肃处理有关违法违纪人员。

4. 2 000 多学生集体跪拜父母遭质疑 学校：教育孩子懂得感恩

11 月 19 日，河南沁阳一所中学安排 2 000 名高三学生向父母磕头，有网友质疑感恩方式。学校回应称，校领导活动前不知情，系高三年级相关老师安排，该活动只是一种形式，想教孩子们学会感恩。

5. 河南长葛一女子举报学籍被堂姐顶替

11 月 24 日，河南都市频道报道，河南长葛市黄海霞在 1993 年报考了许昌师范学校，考试后没有接到录取通知书便务工，后发现自己并没有落榜，疑似是她亲大伯家的堂姐冒名顶替了她的学籍。媒体报道后，黄海霞接到了神秘和解电话，对方称，"你看看要多少钱。"

6. 共青团中央全国学联召开加强和改进学联学生会组织队伍建设座谈会

11 月 22 日，共青团中央、全国学联在北京召开加强和改进学联学生会组织队伍建设座谈会，围绕解决学联学生会组织存在的突出问题，加强和改进学生会工作队伍建设，推动学联学生会组织"改革再出发"进行了交流、讨论和部署。

7. 南方科技大学对基因编辑婴儿不知情：深表震惊，贺建奎已停薪留职

11 月 26 日前后，南方科技大学贺建奎副教授因主导基因编辑婴儿一事而受到广泛关注。11 月 26 日，南方科技大学官网发布声明称此项研究工作为贺建奎副教授在校外开展，未向学校和所在生物系报告。学校和生物系对此不知情，生物系学术委员会认为贺建奎的行为严重违背了学术伦理和学术规范。贺建奎已于 2018 年 2 月 1 日停薪留职。

8. 浙江高考英语部分题目加权赋分引关注

11 月 27 日，浙江省教育考试院在其官方网站中发布了《关于英语科目考试成绩的说明》，称在 11 月英语科目考试中，部分试题与 2017 年同期相比难度较大。为保证不同次考试的试题难度相当，决定对难度较大的部分试题进行难度系数调整，实施加权赋分。有声音认为此举"对成绩好的学生不公平"，有专家则称具有一定的合理性。

9. 教育部：2035 年全面普及学前三年教育

11 月 30 日，教育部在山东济南召开新闻发布会，解读《中共中央国务院关

于学前教育深化改革规范发展的若干意见》，提出到 2035 年将要全面普及学前三
年教育，2020 年公办园幼儿占比提至 50％，遏制民办园过度逐利行为，扶持民
办园提供普惠性服务。

10. 教育部："十项准则"为新时代教师划定基本底线

11 月 16 日，教育部印发教师职业行为"十项准则"，确立教师职业规范，划
定教师基本底线。高校教师要坚守学术良知，反对学术不端等；中小学教师不得
组织、参与有偿补课等；幼儿园教师不得采用学校教育方式提前教授小学内容，
不得组织有碍幼儿身心健康的活动等。

11. 2020 年普惠性幼儿园覆盖率达 80％

11 月 28 日，教育部召开发布会，解读《中共中央 国务院关于学前教育深化
改革规范发展的若干意见》，提出到 2020 年，学前三年毛入园率达到 85％，普惠
性幼儿园覆盖率达到 80％，有效解决"入园难""入园贵"问题。

12. 多省份出台校园欺凌治理细则

11 月 29 日，天津市通过《天津市预防和治理校园欺凌若干规定》。该规定将
校园欺凌与学生间的一般性打架斗殴和打闹嬉戏进行了区分，并呼吁学校、家庭
和社会三位一体防治校园欺凌。此外，至少还有广东、福建、吉林等 6 个省份已
出台校园欺凌治理方案。

12 月

1. 广东：严控"小眼镜"　小学一二年级不布置书面家庭作业

12 月 7 日，广东省教育厅联合省卫生健康委员会起草的《广东省综合防控儿
童青少年近视实施方案（征求意见稿）》公布。该方案提出将儿童青少年近视防控
工作、总体近视率和体质健康状况等纳入政府绩效考核，严禁学生将电子产品带
入课堂，要求小学一二年级不布置书面家庭作业。

2. 家长雇"黑校车"超载致 2 死 9 伤

12 月 10 日，河北邢台内丘县一载中学生面包车与货车相撞。县委宣传部回
应称，事故致 2 死 9 伤，面包车司机受伤，事故原因系面包车超载以及货车司机
疲劳驾驶闯红灯，该面包车为家长们所雇，系"黑校车"。

3. 贫困地区高中被直播改变的升学率

12 月 13 日，《中国青年报冰点周刊》报道，通过开设网络直播班的方式，成都七中与中国贫困地区的 248 所高中相连接，将优质教学资源输送到贫困地区，为不少困难地区儿童提供了一个"改变命运的机会"，媒体形容此行为就像"往井下打了光，丢了绳子"。

4. 湖南新宁通报"10 女生校园欺凌"：6 人未满 14 岁

12 月 13 日，湖南邵阳市焦家垅中学 10 名女生在厕所对另一名女生实施校园欺凌，其中 8 年级 5 人，9 年级 5 人，4 人年满 14 周岁，6 人未满 14 周岁。学校回应，已通知涉事学生家长到校协助调查处理，4 名年满 14 周岁的学生被金石镇派出所带到办案区进行调查。

5. 教育部：禁止培训机构"阴阳课程"

12 月 13 日，教育部开展了校外培训机构的专项治理工作，对部分培训机构将班级名称改头换面，但是继续教授"奥数"等超纲内容的行为，教育部表示将继续加强督查，彻底解决"阴阳课程"的问题。

6. 疑山东编导艺考泄题 调查组初步认定为考生作弊事件

12 月 15 日，有网友发布微博质疑"山东编导艺考联考作弊菏泽考区泄题，省艺术统考上午广播电视编导科目刚开考 4 分钟就发现试题上网"情况，经山东省公安和教育部门联合调查组侦查，初步认定这是一起考生作弊事件，目前已锁定相关当事人。

7. 贫困县学生倒营养奶事件

12 月 15 日，有媒体报道，湖南省邵阳市隆回县小学生把营养餐奶倒入水沟。据了解，学生饮用的"湘蜜"牛奶由湖南湘蜜乳业有限公司生产，实际是调制乳，涉事企业并非中国奶业协会注册的学生饮用奶生产企业，当地官方已责成教育主管部门协同供应企业立即整改。

8. 深圳技术大学获批正式设立 2019 年开始独立招生

12 月 18 日，教育部印发《教育部关于同意建立深圳技术大学的函》，文件正式批复同意设立"深圳技术大学"。该校目前设有中德智能制造、大数据与互联网、城市交通与物流、新材料与新能源、健康与环境工程、创意设计六个学院，共有在校生 1 000 余人，2019 年开始独立招生。

9. 山东师范大学研究生考试考卷变答案

12 月 23 日，山东师范大学硕士研究生考试中，在考《外语教学理论基础》时，由于工作严重失误，试题印刷封装错误，将答案当成试卷发给考生，致使考试无法正常进行。校方称将尽快组织补考，最终成绩以补考成绩为准，考生交通费用及住宿费由学校承担。

10. 西南大学考研题目泄露

12 月 23 日，网友反映西南大学自然地理考研试题考前遭泄露。有考生接受采访时称，"几乎百分之九十五都是原题。"29 日，西南大学确认系命题教师违反保密规定泄题，已立案调查，同时认定 23 日举行的科目《自然地理学》考试无效。2019 年 1 月 13 日，500 余名考生来到西南大学参加重考。

11. 电子科大考研发错试卷

12 月 24 日，电子科技大学硕士研究生招考自主命题科目《固体物理》试卷出错，试卷错发为科目《电子分析》试卷。当晚，校方回应称相关考生该科目将统一组织补考，考生参加补考产生的交通费及住宿费按相关标准由电子科大统一报销。

12. 山西师范大学考研试卷雷同

12 月 24 日，有网友爆料，山西师范大学中国史试卷与 2017 年大面积雷同。校方回应称，此次事件是一次严重的责任事故，已对相关责任人做出停职处理，下一步将根据调查结果依规依纪严肃处理，并于 12 月 26 日组织考生重考，考生参加补考产生的交通、食宿费用由学校承担。

13. 教育部等九部门印发中小学生减负三十条：切实减轻中小学生过重学业负担

12 月 30 日，教育部等九部门联合印发《关于印发中小学生减负措施的通知》，共三十条，指出要切实减轻违背教育教学规律、有损中小学生身心健康的过重学业负担，促进中小学生健康成长。

后　记

　　《中国教育网络舆情发展报告 2018》是本课题组为读者奉献的系列报告中的第八本，其在体例上继承和发展了以往《中国教育网络舆情发展报告》总一分的逻辑结构，全报告由总报告、专题篇、分报告和大事记四个部分组成，其中的分报告是课题组针对 2018 年较为突出的教育网络舆情特点展开的专题性调查和研究，特别注重理论对实践的指导作用，是本报告一次探索性的尝试。

　　《中国教育网络舆情发展报告 2018》采用了清博大数据舆情系统采集的数据进行分析，对互联网海量数据进行系统自动的收录、分类、聚焦，自动实时掌握、聚焦及汇总分析。"总报告"通过对提取的数据进行分析。课题组梳理了2018 年中国教育网络舆情的分布状况、传播状况、主要特征、启示并进行了分析。从整体状况看，2018 年度的教育网络舆情呈现出"平台拓展、全民上线和互联共振"的总体特征和六条具体特征。课题组据此撰写"专题篇"的六个专题报告，从不同侧面阐述和说明 2018 年教育网络舆情不同的具体特征，并对每一专题篇涉及的舆情事件进行了反思，提出了舆情引导建议。"分报告"是本报告的创新点，三个调研报告分别抓住了 2018 年表现最为突出的高校网络舆情危机事件处置和高校新兴对外宣传运营平台－抖音账号的运营状况两大主题：一方面，既对高校网络舆情危机事件的处置状况进行调研，也对高校网络舆情危机事件中高校的道歉策略进行了深度的考察；另一方面，课题组发现抖音的视频曝光成为高校网络舆情事件首发平台的趋势正在日趋明显，因此课题组跟踪和收集了 37 所高校的抖音账号运营数据，发现了问题，也关注到了其中的优秀经验。三个分报告都在科学调研的基础上提出了可行性和操作性高的建议。"大事记"仍以时间为序，记录了 2018 年全年教育网络舆情的事件信息和有关数据，以备读者参考。

　　《中国教育网络舆情发展报告 2018》由本人负责全书的总体规划、框架设计、写作指导和书稿审定工作。胡凌为执行主编，具体负责全书的写作进度安排和协调沟通，并负责统稿工作。参与本书撰写的作者分工如下：胡凌、牛畅、陈华倩、赵英杰、王晴、熊丹瑞、杨果撰写总报告；胡凌、吴汉华、强明阳撰写专题篇；苏楠、刘晓宇、陈裕婷、邹子聪、熊妍、焦书娟、王安琪参与调研并撰写分报告；马聪骜、王安琪整理并撰写大事记。

　　本报告是教育部哲学社会科学发展报告建设项目《中国教育网络舆情发展报告》（项目批准号：13JBG005）的延续，也是中国博士后科学基金第 11 批特别资助《基于大数据分析的中国教育网络舆情危机预警与应对研究》（项目批准号：2018T110830）的阶段性成果。在撰写过程中得到了教育部思想政治工作司网络处、湖南省委宣传部网宣办及人民网舆情监测室的大力支持，在出版过程中得到了北京师范大学出版社、策划编辑鲍红玉、责任编辑马力敏等人的鼎力相助。谨在此一并以衷心的致谢！

　　中国教育网络舆情发展报告课题组在八年的团结写作中一步步成长，课题组的成员虽然有细微变动，但核心成员始终坚持、不断深化和拓展研究范畴，坚持每年为读者奉献一本年度发展报告，并通过多种方式、多个途径参与高校网络舆情事件的处置、应对和管理，为教育主管部门、高校管理部门和高校舆情实践团队提供从理论到实践操作的参考意见和管理建议。我们的研究还存在局限和成长的空间，但课题组全体同仁扎根高校教育网络舆情研究，服务教育部舆情引导与决策的初心不变。书中难免有纰漏之处，敬请读者批评指正。

唐亚阳
2019 年 4 月